智慧城市：
数字文旅产业融合创新发展对策

英皓 著

吉林出版集团股份有限公司
全国百佳图书出版单位

图书在版编目（CIP）数据

智慧城市:数字文旅产业融合创新发展对策/英皓著.--长春:吉林出版集团股份有限公司，2023.12
ISBN978-7-5731-1020-6

Ⅰ.①智…Ⅱ.①英…Ⅲ.①数字技术－应用－文化产业－产业发展－研究－沈阳②数字技术－应用－旅游业－产业发展－研究－沈阳Ⅳ.①G127.311②F592.731.1

中国国家版本馆CIP数据核字(2023)第178818号

ZHIHUI CHENGSHI: SHUZI WENLU CHANYE RONGHE CHUANGXIN FAZHAN DUICE

智慧城市：数字文旅产业融合创新发展对策

著　　者	英　皓
责任编辑	宫志伟
装帧设计	邓晓新

出　　版	吉林出版集团股份有限公司
发　　行	吉林出版集团社科图书有限公司
地　　址	吉林省长春市南关区福祉大路5788号　邮编：130118
印　　刷	唐山富达印务有限公司
电　　话	0431-81629711（总编办）
抖音号	吉林出版集团社科图书有限公司　37009026326

开　　本	710 mm×1000 mm　1/16
印　　张	10.25
字　　数	150 千
版　　次	2023 年 12 月第 1 版
印　　次	2023 年 12 月第 1 次印刷

书　　号	ISBN 978-7-5731-1020-6
定　　价	45.00 元

如有印装质量问题，请与市场营销中心联系调换。0431-81629729

序言 PREAMBLE

2017年4月,《文化部关于推动数字文化产业创新发展的指导意见》提出"以文化创意内容为核心,依托数字技术进行创作、生产、传播和服务,呈现技术更迭快、生产数字化、传播网络化、消费个性化等特点,有利于培育新供给,促进新消费"的明确要求。2019年8月13日,科技部、文化和旅游部等六部门印发《关于促进文化和科技深度融合的指导意见》,要求激发各类主体创新活力,创造更多文化和科技融合创新性成果,为高质量文化供给提供强有力的支撑。2019年8月23日,国务院办公厅发布《国务院办公厅关于进一步激发文化和旅游消费潜力的意见》,提出要推进"互联网旅游"强化智慧景区建设、提供智慧服务、促进产业融合发展,提升文旅产品开发和服务设计数字水平,促进文化、旅游与现代技术相互融合。党的十八大以来,党中央、国务院高度重视旅游业发展,推出一系列重大政策举措,文化和旅游产业体系逐步健全,数字文化产业领域快速发展,"云看展"、线上演播、沉浸式体验等新业态快速崛起,大众旅游、智慧旅游持续加速发展。

数字文旅产业发展也面临着若干突出问题:缺乏地域文化特色和"文旅精品IP"、城市文化特色数字文旅产业人才短缺、数字信息资源不匹配、文旅产业需求与数字化发展水平不协调、金融供给不足等。为了破解困境，推动智慧城市数字文旅行业发展，可以采取强化发展数字文化旅游产业的紧迫感、做好数字文化旅游产业发展顶层设计、做实数字文旅行业的基础性信息库建设、实现数字文旅产业与消费者的无缝对接等措施。因此，着力解决制约城市数字文旅产业发展的关键问题，提出具体发展和解决策略，为智慧城市数字文旅产业发展提供支撑，具有一定的学术和应用价值。

前　言 PREFACE

本书是2020年度沈阳市哲学社会科学规划重点立项课题"关于推进沈阳数字文旅产业融合创新发展对策研究"的研究成果。在撰写过程中，通过实地考察，多方调研，对大量资料进行收集、整理和论证分析，凝练适合推动我国现代化智慧城市数字文旅产业发展的对策措施。本书从分析问题、解决问题角度出发，围绕智慧城市背景下，文旅产业的数字化变革、数字文旅发展趋势、数字文旅的技术支撑、数字文旅管理与服务、数字文旅的创新实践五个方面展开梳理和分析，邀请沈阳文化产业、数字科技领域的专家学者担任顾问，从理论和实践两个维度对国内数字文旅产业发展现状进行梳理、分析和总结，力求得出适用于我国数字文旅产业发展的实践路径。在本书撰写过程中，特别感谢沈阳市政协委员、辽宁传媒学院副校长王东辉教授的鼎力支持！感谢辽宁传媒学院张鼎一、付明远、刘敬玫、孙乐、张楠五位老师完成资料的编辑与整理，感谢李刚、尚秋、路蔷、张可为、瑶琳等几位老师在图片采集与编辑、素材调研整理及数据分析等方面给予的大力支持和帮助。

编者

目 录 CONTENTS

第一章 文旅产业的数字化变革 ... 1

第一节 数字文旅的内涵 ... 1

第二节 智慧城市的理念与远景 ... 10

第三节 智慧城市的顶层设计 ... 18

第四节 新型智慧城市的发展趋势 ... 24

第二章 数字文旅发展趋势 ... 34

第一节 智慧城市的发展 ... 34

第二节 文旅产业的信息化 ... 41

第三节 数字文旅背景下的智慧旅游 ... 47

第四节 大数据与数字文旅 ... 54

第三章 数字文旅的技术支撑 ... 61

第一节 云计算和数字文旅 ... 64

第二节 沉浸式体验与数字文旅 ... 73

第三节 物联网与数字文旅 ... 82

第四节 信息传播与数字文旅 ... 86

第四章　数字文旅的管理与服务 93

　　第一节　数字文旅的管理决策分析 93

　　第二节　数字文旅公共服务平台建设 94

　　第三节　数字文旅可视化服务 110

　　第四节　数字文旅的品质保障 113

第五章　数字文旅的创新实践 118

　　第一节　数字文旅融合新思路 118

　　第二节　数字文旅的云端体验 124

　　第三节　数字文旅智能化的评价标准 135

　　第四节　数字文旅发展创新实践 138

参考文献 149

第一章 文旅产业的数字化变革

随着互联网的飞速发展、科学技术的不断提升以及文化旅游产业数字化的不断加快，文化和旅游部、国家发改委相继出台了《文化和旅游部关于推动数字文化产业高质量发展的意见》《关于深化"网络+旅游"推动旅游业高质量发展的意见》《关于支持新业态新模式健康发展激活消费市场带动扩大就业的意见》等政策文件，提出了多角度促进文化和旅游产业向数字化、网络化、智能化转型升级的建议。数字文旅已成为助推文旅行业回暖、拉动消费的重点内容。

第一节 数字文旅的内涵

在社会不断发展的过程中，数字经济已经逐步成为全球经济增长中充满活力的因素。数字经济以其持续涌现的新模式、新业态以及较高的创新性，持续为全球经济平稳回升注入动力。大力发展数字经济，推动数字产业化、产业数字化发展，促进数字经济与实体经济的深度融合，也是"十四五"时期中国特色经济体系持续优化升级的一个重要环节。

一、数字文旅的发展背景

《关于制定国民经济和社会发展第十四个五年规划和二〇三五年远景目标的建议》中明确指出，要健全现代文化产业体系。实施文化产业数字化战略，加快发展新型文化企业、文化业态、文化消费模式。规范发展文化产业园区，推动区域文化产业带建设。推动文化和旅游融合发展，建设一批富有文化底蕴的世界级旅游景区和度假区，打造一批文化特色鲜明的国家级旅游休闲城市和街区，发展红色旅游和乡村旅游。由此可以看出，关于发展文旅产业的关键点是实施文化产业数字化战略和推动文化旅游融合的发展。

1. 产业融合

在产业融合的大背景下，不同产业间的融合本身就是传统产业产生的一种变化，它的发生以一定的条件为基础。反过来，作为产业发展的新格局，产业融合将深刻地影响传统产业发展。就概念而言，产业融合就是不同的产业或者同一种产业的不同行业在技术、市场或经济方面的互相渗透、互相交叉，最后整合成一个整体，逐渐形成一个新的产业并持续动态发展的进程。

2. 文旅融合

文化与旅游之间存在着一种天然的内在联系，我们甚至可以这样认为，文化就是旅游之魂，而旅游则是一种重要的文化载体。文化、旅游这两个元素，经过交叉渗透与整合重组，打破了原有产业的边界，最终形成新型文旅产品业态与产业体系。

文旅融合为数字文旅塑造了原生力。文旅产业数字化一方面使得文化产业与旅游产业之间的界限逐渐被打破，从而将两大产业推向更加广阔的领域和更深的层次，进而在更高的层面上达到深度融合；另一方面，文旅产业数字化用产品与服务实现数字化、智能化，从而积极推进文旅产业转型升级，实现提质增效，进而降低低端无效供给的程度，提高供给效率，满足消费者多样化、个性化消费需求，最终有效地规避突发事件对行业的影响，如图1-1所示。

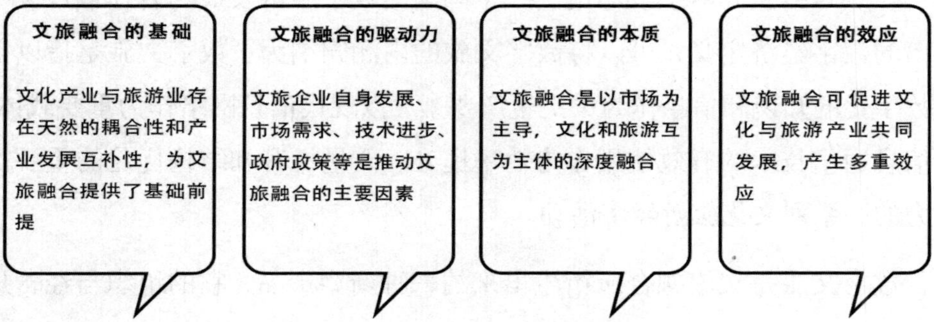

文旅融合的基础
文化产业与旅游业存在天然的耦合性和产业发展互补性，为文旅融合提供了基础前提

文旅融合的驱动力
文旅企业自身发展、市场需求、技术进步、政府政策等是推动文旅融合的主要因素

文旅融合的本质
文旅融合是以市场为主导，文化和旅游互为主体的深度融合

文旅融合的效应
文旅融合可促进文化与旅游产业共同发展，产生多重效应

图 1-1　文旅融合内涵

3. 数字文旅产业

数字文旅产业是当前经济发展中非常重要的一部分，也是未来文化、旅游业发展的方向，在数字经济背景下加快数字文旅发展是每个文旅人肩负的使命和责任。数字文旅产业是指通过文字、声音、图像等多种复合形式对文旅产业进行数字化升级；而数字文旅产品则是通过数字技术手段开发的文旅产品，其是数字文旅产业的重要产物。丰富数字文旅内容，显示其特有的物理属性、产品特性、市场特性。积极发展数字文旅产业，就是要通过多元化的经营渠道，扎根旅游目的地，服务旅游目的地，深度培育文化旅游产业链，将互联网概念、模式和区块链技术应用于旅游行业，丰富文化内涵，提升旅游目的地整体智能化水平。

二、数字文旅的内涵与特点

1. 数字文旅的内涵

数字文旅作为一种新经济形态，以数字技术与消费数据的挖掘应用为主线，以盈利为目的，涵盖了数字化文旅产品创意设计、产品生产、消费交易等各个环节，是文旅融合发展背景下产生并更新出的一种新业态。

参照 G20 杭州峰会发布的《二十国集团数字经济发展与合作倡议》中提出的数字经济定义，可以将数字文旅的内涵归纳为：数字文旅是指以使用数字化的知识和信息作为关键生产要素，以现代信息网络作为重要载体，以信息通信技术的有效使用作为效率提升、质量提升和结构优化的重要推动力的一系列文化旅游经济活动。

数字文旅是文旅融合所衍生出来的一种新型产品，它的组织与经营形态有如下含义：

（1）数字文旅以整合为核心

以数字创新为驱动的文旅融合既是信息技术和文旅业态有机结合的产物，也是文旅融合战略思维的现实维度。这种结合，既包括文化和旅游的结合，也包括技术和智慧文旅的结合；既包括文旅产业内各种业态的融合，也包括文旅产业与社会各个行业的跨界融合。

（2）数字文旅以科技为支撑

科学技术正改变着传统旅游形式，驱动旅游业转型升级，依托大数据、互联网、物联网等现代科学技术赋予文旅融合新动能，助推文旅服务智能化和文旅体验深度化；5G 网络和大数据这些数字化的科技要素，给传统旅游业走向文旅融合的优质发展带来了新的动能和无限可能。

（3）数字文旅以数据为载体

数据是文化与旅游融合的战略性资源、企业创新的底层器件，对文旅产业来说，数据是传播、影响、发生、深化的最终媒介，发展数字文旅就是要构建良好的产业运行数字生态，并对这一数字生态进行持续的自我修整，不断提升产业的运行质量和发展能力。

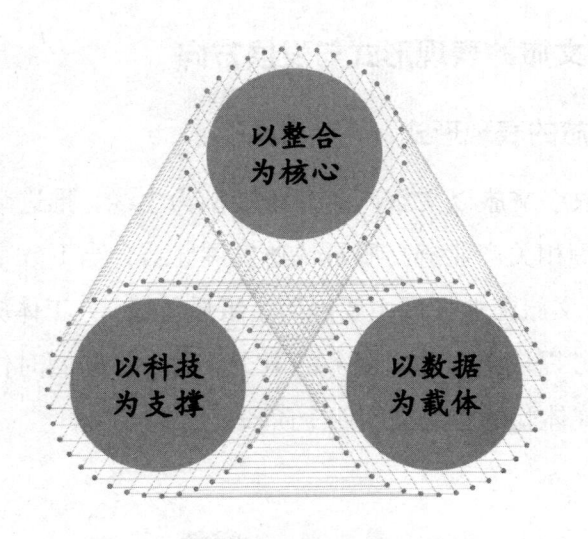

图 1-2　数字文旅的组织与经营形态

2. 数字文旅的特点

与传统文旅相比，数字文旅在产品模式、业务模式、思维模式以及管理模式方面都将随之发生重大转变。具体特点如下：

（1）资源的无限开发性

数字文旅已不仅仅限于资源的有效配置，更重要的是深度挖掘和不断优化资源，对资源进行进一步的开发、整合与利用。

（2）时空没有边界性

数字文旅需要突破传统时空观念中的思维、逻辑，加快推动产品和服务从有形向无形转化，打破产品和服务的时空界限。

（3）认同的多元性

个人和企业的身份是互为支撑、互为转换的，既是生产者又是消费者，既是传播者又是营销者，两者身份在不同场景、环境会随着市场需求而发展转变。

三、数字文旅的表现形式与发展方向

1. 数字文旅的表现形式

近年来，数字文旅以文旅产业升级转型为主线，推进数字文化产业、智慧旅游景区等相关产业链高质量快速发展。结合当下数字文旅产业发展情况可以看出，文旅产业发展主要经历了纸质传播、人工体验的传统旅游、利用计算机服务提供单向输出服务的电子旅游、互联网时代的数字旅游、全智能化沉浸式体验的智慧文旅四个阶段。

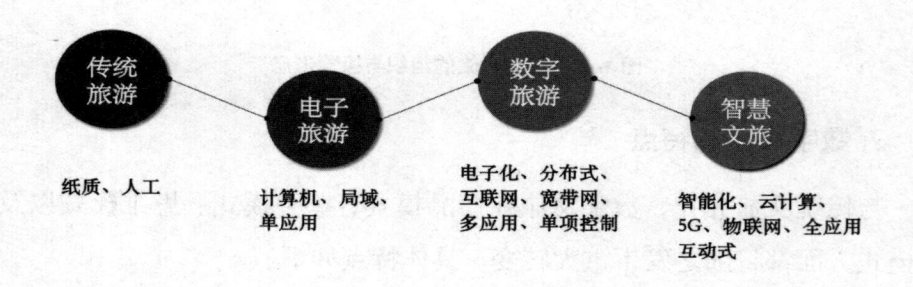

传统旅游　　电子旅游　　数字旅游　　智慧文旅

纸质、人工　　计算机、局域、单应用　　电子化、分布式、互联网、宽带网、多应用、单项控制　　智能化、云计算、5G、物联网、全应用互动式

图 1-3　数字文旅发展进程

数字文旅发展的主要表现形式包括三个方面：

（1）数字科技打造文旅新趋势

目前虚拟数字化技术发展迅速，运用数字技术打造文旅产品正在重塑产业运营模式，突破原有产业链。在当下各类"云旅游""云展览""云演出"模式的兴起下，体验经济逐渐走向大众，这样的体验都是新文旅企业打造并实现的。近三年来大家更加深切地感受到"云端"这样的数字文旅消费形式，它异军突起、逆势而上。数字科技通过计算机把真实和虚拟结合起来，创建了可以人机交互的虚拟环境并通过AR、VR、MR等各种视觉交互技术进行了集成，带给体验者虚拟世界和现实世界无缝切换的"沉浸感"延伸现实技术，为文旅发展提供了新的路径。

（2）O2O的消费模式已成常态

在之前很长的一段时期内，传统文旅产品一般采用的是线下营销手段，属于传统意义上的消费模式。但随着技术的发展，在数字经济与电子商务发展的冲击下，当下文旅产品利用新媒介的营销已全面启动，短视频推广、线上直播带货等模式不断兴起，文旅产业链条的各个端口在线上销售已成为新的风向标。同时，数字文旅在线上推广的O2O模式也已完成高效输出。

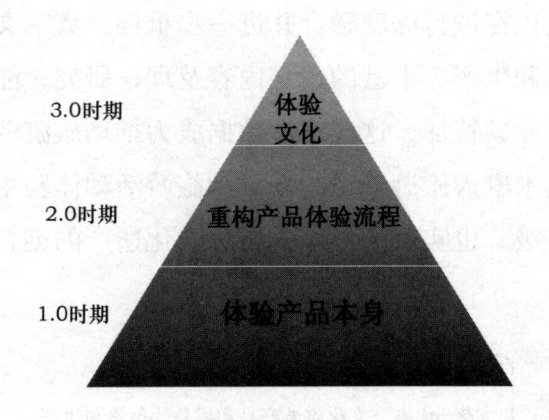

图1-4　产品体验文化的经济发展演变过程

（3）数字文旅内容重构蓬勃发展

数字内容构建起当今社会人与人之间文化价值的身份联系、社交联系以及商业消费联系。新兴消费人群的不断壮大，催生出差异化的文旅消费渠道与体验场景，一大批中国文化数字内容IP，如国漫、国风、国创、国乐等应运而生，新生代群体对文旅消费的多重需求，带动了创新文旅产品开发和旅游业目的地环境业态的建设，高质量文旅数字内容创作成为数字文旅的关键发展方向。

2. 数字文旅的发展方向

数字文旅时代虽已到来，但在当下，数字文旅建设仍面临着众多问题。因此，要想实现我国数字文旅产业的长足发展和繁荣稳定，必须从以下四个方向来推动。

（1）建立以需求为导向的数字文旅产业链

消费需求是数字文旅持续发展的动力。纵观国内近10亿的庞大网民数量，消费体验呈现出个性化、多元化、差异化的出行消费态势，在以需求导向为核心的产业链体系上，以文化为内容、旅游为载体、科技为工具的数字文旅产业链正在进行深度融合并进一步重构。数字文旅的生产链需要刺激内容的创造和生产，丰富的数字内容及理论研究，能够充分反映地方文化内涵和旅游业新特征，这些都使数据成为推动旅游业经济创新的关键要素。将数字技术融入旅游景点的场景和旅游活动体验中，即实现了对文旅内容的提质升级，也实现了对地方历史文化遗产的创新性展示、保护与传承。

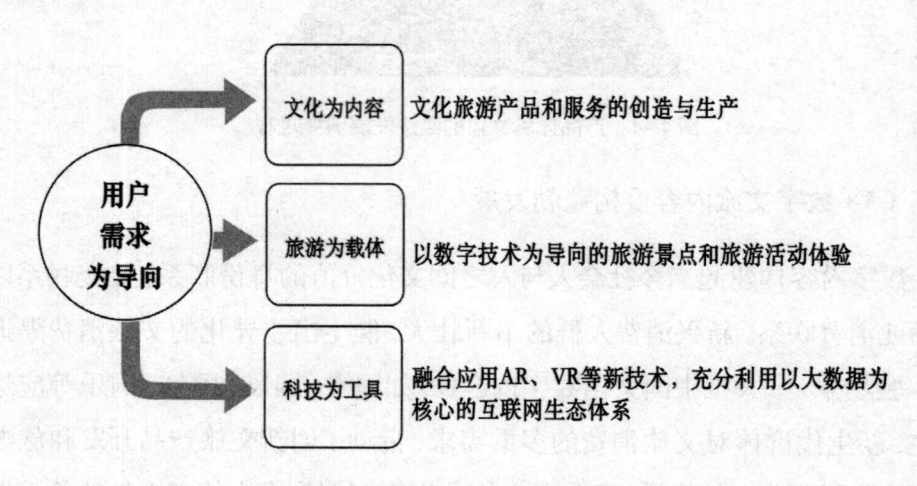

图1-5 以需求为导向的数字文旅产业链

因此，面向旅游企业、研究机构和团体组织，需要进一步加强定制化服务与设计。比如为游客设计并定制专属旅游路线，为旅游市场旅游企业的单一产品提供有针对性建议，为研究和设计者提供数据优化服务。

（2）通过供给提高数字文旅产品质量

以供给为主线，利用快速增加旅游业消费的特点，增加数字文化背景、技术水平和产品质量，增加增强高质量的数字产品和服务。优质的文化内容可以扩大文旅品牌的影响力，因此我们要集中精力挖掘文化资源，促进文化资源的数字化保护、利用与开发，全力促进文化品牌高质量发展。最重要的是，我们要创新思想，提高产品开发水平，创造和制造具有丰富内容和独特品位的文化旅游产品，深度利用开发科学和技术创新成果，如大数据、云计算、人工智能，高效创新强化推进发展文化产业在艺术和文化旅游、文化传统行业的数字化转型，促进结构调整和优化，在创新的基础上培养和管理新的消费渠道，研究新的商业模式和文化发展趋势，如个性化营销、营销优化、合作创新、网络分销等，通过丰富供给内容、创新产品开发思维，不断提高数字文旅产品质量。

（3）通过政府优化数字文旅以改善环境政策

进一步完善各级政府发布的数字文旅支持政策，针对薄弱环节和关键领域，加大扶持和协调力度。通过实践并结合发展实际，改善数字文旅产业的发展环境。首先，打造智能生产开发和总体规划的良性环境，从公司融资、人才引进、工业集群建设等方面创造数字文旅。其次，深化组织运行与保障，关注税收优惠、刺激消费、统计算法等内容，激活智能数字旅游平台，优化与服务有关的综合政策，提高数据安全立法和监管，确保公共数据和个人数据安全，合理收集、储存和使用信息，创造有利于高技术应用的数据安全环境。

（4）通过不断创新人才培养并加强为数字文旅的发展奠定坚实基础

创新、创业、创造是数字文旅快速发展的必要条件，其指导思想是持续的创新，而人才则是保证。第一，数字文旅的创新需要行业公司的领导和支持，推动企业机构、机制、人才、资本和制度的创新是核心保障。第二，高校人才中心、实验室和研究机构的数字文化创新中心在人才培养模式方面正在进行系统理论研究和数字文化创新实践，特别是数字化应用的创意人才。因此，我们需要在多方力量的影响下，开展创新人才的培养模式，如在高等院校和职业学院实施全面的专业培训方案，加强人才培养方案的修订，培养兼具文化内涵、技术水准和创新思维的数字文化产业人才。

第二节　智慧城市的理念与远景

城市作为人与人之间的交易中心和聚集中心，是人类经济社会发展的产物。城市的产生标志着人类社会进入了文明时代，同时它也是人类群居的一种高级生活形式。伴随着人类文明的进步与社会的发展，城市人口数量在不断向历史发起新的挑战，各类型城市快速发展，城市规模也在不断加快扩大。城市数量与城市人口日益增加，城市在经济、政治、科技等方面都获得了空前的力量，城市无可回避地被推向了社会舞台中央并起主导作用。

一、城市发展与变革

通常情况下，人口比较密集的地区叫作城市。它由居住区、工作区、商业区组成，并且具有行政管辖的职能，所涉范围比它自身还要广。一个地区作为城市，必须具有规范性，人口密度大，工商业发达，居民主要为非农业人口，一般都是某个地区政治、经济和文化交流的中心。

1. 城市特征与城市功能

城市具有自然和社会双重属性。由于城市的存在本身就是人类社会生产生活的产物，因此，可以说没有纯自然或天然的城市。城市的地形地貌、河流、大气等生态多样性可以当作城市的自然属性，但城市更多地体现出的是城市的社会属性。总的来说，城市具有四大基本特征：一是集聚性；二是市场性；三是社会性；四是系统性。掌握了城市特征，实际上就是掌握了城市的发展规律。

可以说，城市是人类文明发展进程中的重要组成部分，是随着人类文明进化发展起来的，是人类社会出现劳动分工和商品经济发展到一定阶段的结果，也是物质文明和精神文明在时空中的聚集。城市出现文明是人类走向成熟的标志，也是人类群居生活的高级表现形式。

2. 城市的类型

城市间的差异体现在人口规模和结构、产业结构、城市形态、生活方式与生活水平、地理位置以及历史沿革等多个方面。目前，大多采用城市职能、城市规模和城市形态的不同来划分城市，如：以人口数量为依据而做规模划分，以形态为依据体现城市外貌划分，以地理、交通位置或者历史起源为依据将城市划分为不同的类别。其中，以城市职能分类与规模分类都揭示了城市的基本特点，并根据城市综合经济实力与世界城市发展历史，将城市划分为集市型、功能型、综合型和复合城市群范畴，这几个范畴又与城市发展中的每个阶段相对应，是任何城市发展过程都必须经历的。

（1）集市型城市

集市型城市多为农户或手工业者聚集、进行并完成商品交换的场所，商业形式多以交易市场为主，周边包含店铺、旅馆及酒店等附属服务设施。

（2）功能型城市

通过自然资源的开发，集中优势产业群，着手发展独特的产业集群，以赋予城市特定功能。也就是说，功能型城市不但是商品交换的场所，同时它也具备商品生产的属性，具有独特的功能与作用。

（3）综合型城市

综合型城市的主要表现为：地理位置好、、产业优势突出，经济功能倾向于综合型。在商贸、金融、服务、文化等方面有发展优势，城市凝聚力不断提升，由此使得城市经济发展迅速，成为区域性、全国性乃至国际性的经济与贸易中心。

（4）复合城市群

经济功能不再通过孤立的城市表现出来，而通过中心城市以及与之保持紧密经济联系的中小城市集合而形成城市群。

进入现代社会，城市之间的分工也更加细化，导致每个城市风格迥异，城市按照不同的分类标准可以分为不同的种类。比如，按人口规模划分，有超级城市、特大城市、大城市、中等城市、小城市；按地理位置划分，有沿海城市、内陆城市、边陲城市；按功能划分，有工业城市、商业城市、港口城市、文化城市、政治城市、宗教城市、旅游城市、综合性城市等。

按照城市在当今整个社会经济中的不同位置或者产业链中不同的功能角度来分可以划分为资源型城市、工业型城市、枢纽型城市、金融城市、旅游城市、创新型城市等。

以上这些类型的城市并不一定只是单一类型，它可以是多种类型混合而成的。比如，北京、上海、深圳等城市集齐了上面所有的功能，其他的一二线城市也都集聚了大部分的产业类型。另外，城市的产业也是可以相互转化的，资源型和制造业城市可以向旅游业甚至创新型城市转型。

改革开放后中国经济的快速发展使城镇化速度快速提升，城市群概念的发展以及信息技术的支持，为智慧城市的建设与发展提供了契机。同时，快速城镇化之后城市管理面临的诸多问题又急需通过智慧城市建设来缓解，最后通过政府的顶层设计和政策推动，智慧城市在中国广泛部署，成为推动城市良好、可持续发展的重要支撑。

中国城市的分类
按照城市在整个社会经济的不同位置或者产业链中不同的功能划分为

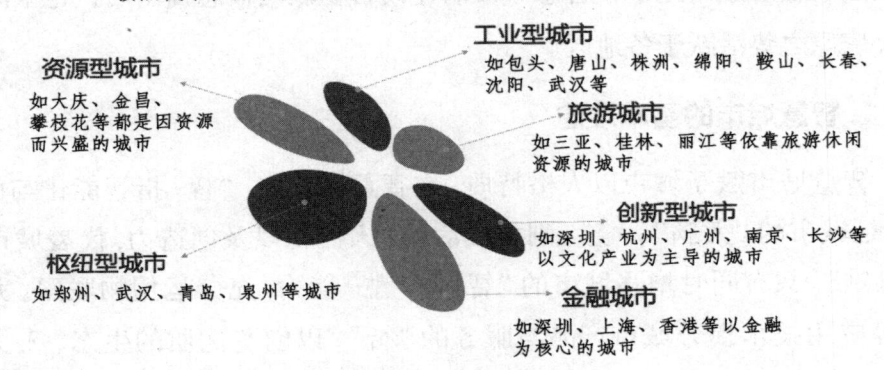

- **资源型城市**：如大庆、金昌、攀枝花等都是因资源而兴盛的城市
- **工业型城市**：如包头、唐山、株洲、绵阳、鞍山、长春、沈阳、武汉等
- **旅游城市**：如三亚、桂林、丽江等依靠旅游休闲资源的城市
- **创新型城市**：如深圳、杭州、广州、南京、长沙等以文化产业为主导的城市
- **枢纽型城市**：如郑州、武汉、青岛、泉州等城市
- **金融城市**：如深圳、上海、香港等以金融为核心的城市

图1-6 中国城市的分类

二、智慧城市的理念与内涵

在科技发展突飞猛进的今天，科技创新已经成为经济和社会发展的主导。由于城市作为经济和社会发展的主要载体和创新要素集聚的主要场所，科技创新对其发展的推动作用越来越突出，并已经成为其未来的动力。2008年金融危机催生了以物联网技术为代表的新技术革命，以物联网技术为中心的智慧城市理念给城市今后的发展提供了新的模式。

建设智慧城市是人类从传统农业社会发展到工业社会，再到后工业社会的必然结果。城市化进程中社会问题也会随之出现：拥挤的交通系统、效率低下的城市管理方式、难见成效的城市应急系统和不健全的环境监测体系。城市在面对上述实质性挑战之时，需要运用新举措、新技能让城市管理更智慧。进入信息社会以后，各主要发达国家及地区纷纷制定新的发展战略：21世纪之交，美国纽约把"更加智能化城市"列为城市信息化下个10年规划的发展目标；2006年，新加坡颁布了"智慧国，2015"的信息技术10年发展目标。IBM在2008年年末提出了"智慧地球"的理念，并在2009年提出了"智慧城市"的发展远景，指引着城市走向繁荣与可持续发展。我国自2008年提出物联网以来，通过近些年的发展和规划，已经将其纳入国家发展战略之中；智慧城市的建设自物联网概念提出后，也渐渐呈星火燎原之势活跃于各地区。

1. 智慧城市的基本理念

智慧城市赋予城市以人格特质。在智慧城市中，"智"指智能化与自动化，是城市的"大脑"；"慧"则指灵活性、人性化以及创造力，代表城市的"思维"。只有同时增强城市的"智"与"慧"能力，充分运用物联网、大数据等应用技术提升城市产品与服务的"智"，以创造优质的生态、人文和科技环境来促进城市的"慧"，才能确保城市真正实现智慧运行。

智慧城市是一种高度发达的城市模式，其融合了以人为本、可持续发展、无线城市以及智能城市的先进理念，形成了独特的理念体系。智慧城市融汇了科技创新、绿色生态、人本幸福等理念，旨在充分利用科技创新，打造环境生态宜居、产业健康发展、市民幸福生活的城市。智慧城市突破城市自身的界限，站在更高的视角来分析和处理人与自然、人与人、人与自身的关系，全面考虑城市的长远发展、经济增长与人类进步等重要问题。

2.智慧城市的特征

智慧城市并非仅存在于理念之中，它实际上能够在现实中被人们所感知。具体而言，智慧城市具备以下几个显著特征：

（1）智慧城市是一个物物相连的城市

基于云计算、物联网、移动互联网、大数据等基础信息架构，智慧城市通过物联网和移动终端不间断地进行数据采集，将数据上传至云平台，从而形成庞大的大数据资源。信息需求者可以根据需求随时获取信息服务和应用，同时信息的消费者也变成了信息的供应者，从而提升城市环境的友好程度、可持续性，以及城市管理的效率和科学性。

在当今世界，超过一半的人口居住在城市中，地球已经变成了一个庞大的城市网络和城市联盟。全球范围内的互联互通日益深化，蝴蝶效应也日益显现。在各种信息不断涌入的情况下，物联网可以协助政府、企业和个人做出更好的决策。而随着物联网在城市中大规模应用，城市的形态也必然升级，发展成为更高级别的智慧城市。一个智慧的城市必然是一个实现物物相互连接的城市，拥有庞大的信息收集和传递网络。遍布城市的"全球眼"、传感器，以及手机所构成的触角，紧密联系着城市中每一个脉搏的跳动，感知着城市的每一个瞬息万变，编织着无数联系。

"物联网"的逐步实现，正在逐渐智慧化城市的生活模式。每一个传感设备都具备计算和传输能力，能够收集大量的信息，使我们获得的数据比以往更为丰富。正因为信息涵盖的范围广泛，我们获取的信息也远超以往，而智慧城市的形成正是基于精准和海量的数据。所有智能系统通过物联网相互整合，错综复杂地交织在一起，构成了一个捕捉城市信息、感知城市状态、传递城市脉动的智慧城市基础感知网络。

（2）智慧城市是一个信息移动的城市

智慧城市是一个信息流动的城市。它具备随时随地获取所需信息的能力。物联世界是传感网、通信网和应用系统的结合体，连接"物与物"和"人与物"的通信网络，凭借其可移动性和信号无处不在的特点，在城市的每一个角落，人们只需使用各种移动终端设备，便能高速上网，实现每个人都能随时保持"在线"。

信息的流动主要依靠移动计算和无线通信技术的实现。移动计算技术是随着移动通信、互联网、数据库、分布式计算等技术的发展而兴起的新兴技术。移动计算技术使计算机或其他智能信息终端设备能够在无线环境下实现数据传输和资源共享。其作用是将有用、准确、及时的信息提供给任何时间、任何地点的任何用户。各种移动终端设备能够在不固定的场所接入有线或无线网络，从移动计算网络环境中获取数据和信息，并进行相应的计算处理和决策，这就是移动计算的过程。

5G网络为物联网应用提供了更大的无线带宽和更丰富的移动终端支持。各种移动终端成为实现物联网应用的平台，移动终端技术的发展促进了行业信息系统的移动化。

（3）智慧城市是一个信息融合的城市

全面、系统、高质量、可共享、可融合的信息是智慧城市的一个基础。信息只有通过共享、融合才能最大限度地实现其价值。信息只有进入公共领域，被充分广泛应用，它的价值才能被社会所承认。参与同一信息处理和应用的个体越多，信息的社会价值或经济价值增长就越快，信息的共享与融合程度就越高。

作为城市管理者，政府是整个社会中最大的信息持有者。通过网络发布信息，政府扩大了政务信息的利用范围，增加了政务信息的价值。信息共享体现在政府部门内部纵向的信息共享，政府各部门之间横向的信息共享，同时也包括政府部门与社会公众、企业之间的信息交叉共享。信息的共享与融合在于将城市机关、事业单位和企业现有的数据资源进行标准化整合，进而实现资源的共享。这不仅避免了信息资源的浪费和重复建设，还切实有效地发挥了"智慧城市"在为公众、企业和城市管理提供服务方面的重要作用。这种融合与共享的努力将有助于实现更高效的城市管理和更便捷的公共服务。

（4）智慧城市是一个可持续发展的绿色城市

智慧城市强调人与自然之间的和谐共生关系。随着城市化进程的加速，大量人口涌入城市，导致城市人均绿地面积不断减少，环境压力不断增加。随着城市经济的发展，工业排放的废水、废气和废渣不断侵蚀着城市的生态。

智慧城市通过生物传感器、声学传感器、光学传感器、化学传感器等技术，对城市环境进行全方位的信息感知。借助污水在线监测及处理等系统，分析环境状况，甚至解决环境问题，使城市空气更加清新，水资源更加清洁。信息技术广泛应用于环境保护和能源可持续发展的管理中，从而塑造出空气清新、生态宜居的绿色城市。智慧城市具备足够的生态能力和强大的可持续发展能力。

智慧城市的核心在于构建面向市民的普遍、机会均等的城市服务。人是智慧城市的主要受益者，这是智慧城市建设的核心理念。通过信息技术和其他资源的优化配置与协同作用，智慧城市实现了高度的融合与共享，从而降低了城市资源的消耗和浪费。

改革开放40多年来，我国的城市化进程迅猛发展。这一进程一方面为我国经济的增长做出了重要贡献，另一方面也对城市规划、环境保护、基础设施建设、公共安全和服务提出了更高要求。特别是在城市经济发展和生态环境保护之间存在一定矛盾的情况下，我们必须关注城市运行中各个系统的工作情况，以更充分、更有效的方式使用有限的资源，并以更智慧的方式实现城市的功能。这将有助于更好地平衡经济发展和环境保护之间的关系。

三、智慧城市的本质特征与远景构建

智慧城市起源于传媒领域，指的是在城市规划、设计、建设、管理和运营过程中，运用物联网、大数据、云计算等技术以及空间地理信息集成等智能计算技术，使城市关键基础设施和服务领域如城市管理、卫生、教育、房地产、交通运输、公用事业、公共安全等更加互联互通、高效和智能。这能为公众提供更优质的生活、工作和服务体验，为商业创造更良好的发展环境，为政府提供更有效的经营和管理机制。

智慧城市的核心特征在于其"智慧"。实现智慧城市依赖于广泛覆盖的信息网络，深度互联的信息系统，以及构建协同信息共享机制，以智能化的方式处理信息，拓展信息开放和应用范围，建立能指挥决策、实时响应和协调运行的"系统体系"。智慧城市随着物联网和云计算等下一代信息技术的兴起而发展，是信息化的必然结果，但并不是简单提升数字城市或信息城市。

智慧城市的目标是"发展更科学、管理更有效、社会更和谐、人生更精彩"。在智慧城市中，整个城市具备较为完善的行为意识和调控能力，拥有空、天、地、海多平台协同能力，具备智能感知、情境感知和认知能力，在信息、知识和智能转换等方面具备成熟的机制和一定的决策能力。智慧城市的发展旨在创造更加科学、便捷、高效的生活环境，促进城市和社会的可持续发展。

第三节 智慧城市的顶层设计

顶层设计是推动智慧城市建设活动有序推进的重要因素。从顶层设计角度出发，需要对智慧城市的设计规划进行合理完善。结合城市发展情况，制定统筹规划策略，明确未来智慧城市的发展方向和目标。智慧城市顶层设计应该基于对城市现状的调研和对本地区智慧化愿景目标的初步设想，基于城市急需解决的问题及城市发展需求，确定了城市智慧化发展的目标并对其进行了提炼、拆解；对每一个细化目标都进行了相应建设内容与实施路径的规划设计，并对相关信息技术手段与相关资源要素进行了界定等。

一、智慧城市顶层设计的意义

智慧城市的构建是一个复杂的系统工程，而良好的整体规划则是前提。智慧城市的顶层设计就是在智慧城市指导下，站在全局角度，对城市总体架构进行设计。其在整体架构上由参与主体对积极促进因素、消极限制因素全面进行考量、精心设计，其涉及城市信息化建设的方方面面，强调系统化、清晰化、可操控。

智慧城市顶层设计不仅是智慧城市发展规划在城市中的继续与进一步提炼，更是智慧城市建构与实施过程中的一个重要前提与借鉴。可以说，智慧城市顶层设计是连接其发展战略意图和建设实践的纽带，已被广泛应用于其建设。

在国家政策鼓励和扶持下，智慧城市发展和建设已经在全国各地试点进行，目前已呈如火如荼之势。但部分区域对于智慧城市顶层设计掌握不够精准，把智慧城市顶层设计仅仅理解成"智慧"应用系统机械化堆叠系列，由此加重了"信息孤岛"、重复建设及投资等不利影响，同时给地方政府治理和经营城市带来了许多疑虑和巨大阻力。针对智慧城市作为一个跨维度跨空间的复杂有机体需要多个利益相关方参与构建这一特点，结合本地区个性化特征与资源优势，结合标准化、体系化、系统化新思维，新方法与新工具对智慧城市顶层设计进行求同存异的分析与探索，可为智慧城市建设实践与实践运营减少投资成本并促使其最终目标得以实现。

二、智慧城市顶层设计形成过程

智慧城市顶层设计旨在从全局视角整体考量智慧城市系统中的各个方

面，规范各类关系，明确相同的目标，针对这些目标制定实施路径以达到持续提高城市效益、节约资源、降低风险与成本的目的，智慧城市实质上就是城市管理与运行方式的转变。对其信息应用系统来说，其总体规划还必须有顶层设计才能有效和可持续地展开。所以智慧城市建设最重要的任务就是做好顶层设计，实现城市信息化由"部门级"向"城市级"提升。

智慧城市建设并不是一个独立而又特定的信息化工程项目，它是新一代信息技术在城市经济社会发展中的创新运用和深度融合，也是当代世界城市发展新理论、新模式的体现。根据城市信息化建设中的特点以及信息化系统顶层设计方法论要点，智慧城市顶层设计应该从城市的角度出发，坚持统筹与共享、协同与服务相结合的原则，智慧城市的顶层设计必须坚持以下四个原则。

1. 智慧城市的顶层设计必须具备适用性

智慧城市在近几年的建设与尝试过程中，工作大多集聚于经济较为发达的区域，即使是这样，建设和普及智慧城市是国家性战略举措之一，也应该将经济欠发达的地区与城市纳入智慧城市建设的范围内。所以，为凸显国家战略举措的公平性，进行顶层设计时必须兼顾设计结果的广泛普适性。为此，智慧城市顶层设计应综合考虑东西部地区发展的差异性，尽可能削弱技术主导地位、重视城市的管理和运营，充分利用有限的资金投入来高效地开展智慧城市建设。

2. 智慧城市的顶层设计必须具有权威性

对智慧城市顶层设计稍有主意的人，肯定接触到不少智慧城市顶层设计方案，有的出自专业的咨询机构，有的诞生于学者的理论研究，也有的源于相关的科研部门，但是，对于这些方案是否具有权威性，大家都持保留态度。

一般来说，无论哪种设计方案，都要言之成理，换句话说，它具有某种权威。比如，源于学术机构的计划由于其科学性而成为一个易于被世界接受的定理。所以，在进行顶层设计时，应该全面整合资源与诉求，提出权威性的顶层设计方案。

3. 智慧城市的顶层设计必须重视城市软实力部分的设计

现阶段智慧城市的顶层设计方案都在着重强调物联网、数据共享技术以及电信网络等应用技术，而忽略了包括运营体系、发展环境、管理体制等软实力的规划设计。诚然城市的智慧程度不能脱离基础设施的支撑，然而更值得强调的是城市方方面面的综合竞争力，除了基础设施建设外还应该着重培育城市完善的运营体系、建设健康的发展环境、制定科学的管理体制等软实力的打造。忽视一座城市软实力的设计，我们就只会发现一个智能城市而绝不可能是智慧城市。

4. 智慧城市的顶层设计必须达到形而上与形而下的统一

智慧城市顶层设计的构建与实施建设是个复杂且漫长的积累过程，目前我国智慧城市顶层设计尚在探索阶段。尽管具体翔实的顶层设计方案在目前的智慧城市建设中占据着重要地位，然而想迅速确定一份规范、具体的顶层设计方案，从时效性和科学性方面来说，都是一件难以胜任且极具挑战的工作。

在进行顶层设计相关的具体工作时，必须抓住共性，提出指导性方案与实施意见，并在具体实施过程中鼓励全面设计推广。比如，在城市现有交通建设的基础上，进一步整合交通数据信息，完成智慧交通的信息数据整理与建设。

在地区的各行各业都具备相当完整的信息化水平和信息化基础设施的时候，再趁机进行系统性的整合，智慧城市的建设将会顺风顺水。

三、智慧城市顶层设计体系

与传统型城市相比较，智慧城市借助"新IT"，打破了设备、机构之间的数据孤岛现象，依托"端—边—云—网—智"技术架构，在智慧出行、智慧安防和智慧社区多个领域提供融合服务。

因此，智慧城市的建设不仅是云计算中心等新型基础设施建设，更应整合软硬件资源，考虑包含设计、实施、运营、维护等全生命周期管理给大众带来更加便利和智慧新服务。

将智慧城市顶层设计框架划分为总体规划层、技术实施层、目标效用层三个主要层面。即将智慧城市作为一种新型IT技术架构，从城市发展定位、建设规划、实施保障和组织合作等方面进行整体规划，贯穿"端—边—云—网—智"，达到治理高效，服务便民，产业发展和生态和谐等目标效用，实现新一代信息技术和城市现代化的深度融合和迭代演进新模式、新理念。

图1-7 智慧城市顶层设计框架贯穿五个纬度

端："端"就是智能终端，它负责数据的采集、存储和传输，它是智慧城市中针对城市主体所设计的智能化单元。随着物联网技术的普及和互联网的广泛使用，"端"带来的海量"数据"正在和信息化时代带来的海量数据交汇在一起，成为智能化时代新的数据油井。"端"不仅有针对消费者的 AR/VR、智能门锁、智能显示器等多种新型智能终端，还有集硬件、软件和服务于一身的商用物联网方案。

边："边"是边缘计算智能化时代对海量数据爆炸式计算的需求和应用低时延和灵活部署的要求使计算力下沉不可避免，边缘计算由此诞生。在智慧城市下，边缘计算既可以实现不同厂商、规格和协议智能设备端点附近统一管理，也可以通过预置模型算法为终端设备赋能，从而实现端点设备智能化管理。"边"包含了能够提供大量边缘计算硬件设施和人工智能支撑的边缘计算平台。

云："云"是云计算的一种，它是以网络为基础，在异质设备之间进行数据运算和分享的一种设备服务。"云"突破了传统城市在时间和空间上的限制，以资源按需分配和按量计费等方式对成本进行管控，增强城市敏捷性是智慧城市建设中不可或缺的环节。以"云计算"为基础构建智能运维中心、城市服务中心及城市能源管理中心等，对城市进行智能化服务、运行、管理和"双碳"监测。

网："网"即5G所代表的数据传输网，它是促进端、边、云共同工作的黏合剂。"网"将许多终端设备连接起来，根据"端边"的传输特性动态地提供配套网络资源，并催化更多的计算发生在边缘上，从而实现"边"和"广连接、低时延等特点"；另外，在网络基础设施向软件化和虚拟化发展的过程中，"云网融合"也会催使得网络能够根据需要迅速灵活地构建起来，从而为更加有效和实用的建设智慧城市应用场景提供了扩展的可能性。

智："智"是一种行业智能解决方案，它以"端的、边上的、网上的、云中的"为基础架构，利用海量数据，分布式算力和先进算法模型为园区，交通和医疗服务、金融和其他城市中典型的生产和生活场景构建了支撑不同层次之间分析与交互的智能化方案。数据智能推动产业变革智能化时代下，运用咨询设计、系统集成、支撑部署和运维代运营技术服务是政务和民生的未来发展方向，行业和城市运营等会对"智能化解决方案"带来颠覆性的改变，智慧城市的建设还会为智慧储能和新能源改造这类低碳产业的发展搭建桥梁。

简而言之，智慧城市就是以知识经济和资源集约配置为宗旨，把人文与技术结合起来，形成综合城市居民和CT技术"智慧"的可持续发展模式。因此，智慧城市的建设不仅是云计算中心等新型基础设施建设，更应整合软硬件资源，考虑包含设计、实施、运营、维护在内的全生命周期管理，为公众提供更便捷、智慧的新服务。

第四节　新型智慧城市的发展趋势

从发展过程中，新型智慧城市是在智慧城市原有基础上提升和充分递进的表现。之前的智慧城市已经完成了许多使命，如何让旧系统继续发挥作用，如何让今天的建设能够满足未来的长远发展，新型智慧城市建设首先要做的是顶层设计和整体规划，让未来所有建设细节都在顶层设计的框架内容里，避免造成大量的浪费和重复建设。

一、新型智慧城市的理念提出

新型智慧城市就是要运用新一代信息技术，不断创新城市管理与公共服务方式，为居民提供方便丰富的信息服务和透明有效的在线政府服务和精细精准城市治理，融合创新信息经济、自主可控安全体系有助于推进城市治理体系与治理能力现代化。

新型智慧城市是网络信息技术基础设施化的产物，通过云、网、端实时在线，智能集成，互联互通，交互融合和数据驱动来扩展新的空间，优化新治理和触达新生活等措施，以重建人类与服务、人类与城市、人类与社会、人类与资源和环境以及人类与未来之间的关系，实现经济社会可持续化发展的新形式。

二、新型智慧城市评价指标

新型智慧城市突出以人为本、重视市民体验、重视服务成效的理念，就是要用创新带动城市的发展变革，充分推动新一代信息和通信技术同新型城镇化的深度融合，提升我国城市治理能力的现代化程度，为我国城市的可持续发展提供一种全新的道路、模式和形式，同时也是贯彻落实我国新型城镇化的发展策略，增强人民幸福感、满意度，推动城市发展方式转变升级等的系统工程。

根据中共中央和国务院部署，由国家发展改革委和中央网信办负责，联合同一国家标准委等25个相关部门成立了新型智慧城市建设部际协调工作组。在协调工作组指导下，重新确立并规范了新型示范智慧城市建设的主要工作与任务，国家智慧城市标准化总体组将标准作为基石，针对城市需求、国家战略、企业创新等方面，从创造环境、塑造规则等方面入手，以期优化新型智慧城市创新发展的环境、明确新型智慧城市发展目标，并提供一个公正的市场环境，旨在提出明确、规范、可评价的评价指标以支撑并推动智慧城市健康有序地发展，规避硬性规定在智慧城市建设中的制约。

推进新型智慧城市建设与评估主要有以下几个方面：

首先，以评估工作为导向，确定新型智慧城市定位各地区围绕评估指标体系编制的工作计划，提出新型智慧城市发展定位与建设要点，有效提高智慧城市建设成效与水平。

其次，将评价工作作为提高城市便民惠民水平的一种途径，使整个社会公众、企业和地方政府都能够参与智慧城市建设，使社会公众与企业真正体会到智慧城市建设的好处与快乐感；

最后，注重评估工作的重要性，推动智慧城市建设经验的分享与普及，发现不同区域、等级和规模城市在建设中的突出案例、实践经验和共性问题，提炼出一批可复制和推广的最佳实践，为智慧城市的持续发展提供有益的参考。综合评价时评价指标选择恰当与否直接影响着综合评价效果。这套评价指标在选择上强调注重效果、涵盖全面、科学分配权重以及客观可量化等理念，并在借鉴国际经验的基础上，建立了可持续改进与发展的评价指标体系。

新型智慧城市评价指标数量坚持覆盖全面、数量适度的原则：既要确保覆盖涵盖新型智慧城市为人民服务效果的各个主要领域，同时也避免了指标复杂冗余、评价工作规模不易控制等问题。现阶段一级指标为8项，二级指标为21项，各二级指标下不超过3项二级指标分项，总体二级指标分项为54项，见下表1-1：

表1-1 新型智慧城市评价指标及权重

一级指标及权重	二级指标及权重	二级指标说明
惠民服务(37%)	政务服务（8%）	获取城市政务服务的方便、快捷、及时、高效的程度
	交通服务（3%）	城市为交通参与者提供诱导、快捷支付、辅助决策等服务，实现交通顺畅、便捷的程度
	社保服务（3%）	城市在社保领域为民众提供服务的能力与成效
	医疗服务（3%）	城市在医疗领域为民众提供服务的能力与水平
	教育服务（3%）	教育领域服务便捷化、普惠化能力
	就业服务（3%）	城市在就业领域为民众提供服务的能力与水平
	城市服务（7%）	城市向公众提供"互联网+"城市公共服务的普及性和能力
	帮扶服务（5%）	城市利用信息化手段对贫困人群、残疾人群等困难群体的帮扶情况
	电商服务（2%）	电子商务中网络消费、跨境贸易等发展情况。现阶段选取网上商品零售占比、跨境电商交易占比等两个分项
精准治理（9%）	城市管理（4%）	运用数字化、信息化手段对城市、市政公用设施、园林绿化、风景名胜区、市容环境与环境秩序的智慧化监管的能力
	公共安全（5%）	在社会智力精细化方面，公共安全领域深入应用信息化的能力
生态宜居（8%）	智慧环保（4%）	对城市环境指标数据的监测、发布和处置能力
	绿色节能（4%）	推进节能城市建设，推广建筑节能技术，提高建筑节能标准，实施城市节能方面的能力

27

续表

一级指标及权重	二级指标及权重	二级指标说明
智能设施（7%）	宽带网络设施（4%）	宽带网络发展水平和成效
	时空信息平台（3%）	城市时空信息服务体系建设情况，重点考察城市时空信息服务平台资源及服务的相关情况
信息资源（7%）	开放共享（4%）	评价城市政府数据共享和公共信息资源向社会开放的情况。现阶段选取公共信息资源社会开放率和信息资源部门间共享率两个分项
	开发利用（3%）	政府、企业和公众等，对于城市资源获取和开发利用情况
网络安全（8%）	网络安全管理（4%）	智慧城市的总体网络安全能力，包括安全责任制、统筹协调和顶层设计以及网络安全的风险抵御和应急等能力
	系统与数据安全（4%）	智慧城市中关键信息基础设施的安全保障情况，包括关键信息基础设施的信息系统以及系统上所运行的数据安全保障情况
改革创新（4%）	体制机制（4%）	智慧城市的领导体制和管理机制要求及成效。
市民体验（20%）	市民满意度调查（20%）	应强调以人为本，从城市主体——人的需求和感受出发，评价民生服务的链接，从功能性、经济型、安全性、服务时间性以及舒适性几个角度进行评价

基于应用实践的新智慧城市评估指标研究与开发，通过将该评估指标应用于的新智慧城市的评估工作，起到应用导向作用。

1. 关注公众体验，着重从政府服务效能、公共服务便捷度和市民体验三个层面进行全面评估，凸显公众现实获得感与满意度。

2. 评价指标以城市居民的感受，提升居民的幸福感、获得感等指标为重要的评估内容。使社会公众与企业都能真正体会到智慧城市建设的便捷之处。通过将评价指标运用于评价工作，把评价工作作为提高城市便民惠民水平的一种途径。

3. 加强成效引导，不唯"技术先进，投资规模大，工程建设完善"论业绩，重视新型智慧城市建设实效评估。通过将评价指标运用到评价工作当中，并以此作为指导，确定新型智慧城市的发展方向。在评价指标中，提出新型智慧城市建设方向与重点。

4. 客观量化加强客观可量化，尽量采用客观数据采集、市民满意度调查等方式进行评价，减少主观打分环节。

5. 评价指标要更具可测性。研究还不够成熟的地区暂未考虑评价指标的确定，等研究成熟再逐渐融入。

新型智慧城市评价指标体系突出以人为本，以市民体验为核心，转变过去以技术为导向，以项目为驱动的信息化建设方式，加强多部门共同监管与协同服务，鼓励市场参与、创新服务模式、拓展服务渠道，建立民生服务设施便捷化、公共治理效果精准化、生活环境宜居适宜化、基础设施复合智能化等智慧城市新评价指标体系框架。

三、新型智慧城市的发展趋势

自 2008 年智慧城市概念提出，中国智慧城市的建设与发展就正式进入了世人的视线。从智慧城市的发展历程来看，智慧城市核心技术主线是运用信息通信来完成城市服务水平和质量的提升。客观地说，这几年中国对智慧城市发展进程的探究，还仅仅处于起步阶段。

过去的 20 年，是中国互联网产业持续惊艳世界的 20 年。在今后会继续把握发展机遇、与时俱进，智慧化城市的建设必将不断震撼全球。互联网即将从信息互联、消费互联完成向产业互联和价值互联的转变，也就是"互联网+"→"智慧+"转变，这是必然的趋势。尤其疫情像一次洗礼，更是数字化高速发展的重要契机，同时也在全国范围内完成了数字化这一理念的推广。未来新型智慧城市发展可在如下几个方面进行：

一是需求，智慧城市需要解决的是真正的问题，发觉真正的痛点和找到真正的需求。在很长的一段时间里，电子政务与行业信息化中存在着大量弱需求和伪需求。因此，以往有许多工程，常常是验收之日和完工之日是体系"开始尴尬"的时候。因此，智慧城市必须成为城市复合生命体中的重要组成部分，满足真正的需求。

二是责任，坚持以人为本、实施多项有利于民众生活的手段。智慧城市的建设应以人民群众需求为起点。没有足够的需求和众多企业的积极参与就不会有智慧城市的存在。智慧城市的广泛开发与深度设计要更深入发掘人类与市场的诉求，造福每一个人。

三是价值，应追求效果导向和效益导向。以往，智慧城市项目太多，项目效果不直接，经济效益和社会效益不明显，这也是我们要进行变革的一部分。

四是更新，实时灵活的数据与即时而生动的资料。智慧城市中的资料不仅能进行一些直观的演示，还要进行一些即时的应急处理和灵活的展示，做到真正意义上的牵一发而动全身的动态管理。

五是形势，以终点为起点，周而复始。智慧城市不能只靠各部门从财政局索取固定的运营经费，这个形势是无法长远保持的。我们必须通过完成对智慧城市的运营管理和数据分析使用形成行业收费，不断带动经济回血形成内循环。那么下一阶段智慧城市建设将更多地承载人民群众对美好生活的期盼。

1.由"城市数字化"向"数字化城市"的转变

智慧城市的深入推进将催生城市治理从技术到范围的全面转型，而这一转型又有可能加深和引发城市管理体制和机制的改革。

未来的智慧城市是由城市数字化向数字化城市的演进，城市整体构成了数字领域的"数字巨系统"。城市经济的发展主脉依次是工业、数字、智能。其中数字经济能够拉动工业经济的发展，从而催生工业数字化、工业互联网和数字孪生工厂。目前中国社会一直在致力于数字经济的发展，数字经济主要包括数字化、互联网与物联网以及数字孪生等三个主要的阶段。智能经济还将促进数字经济的发展，如借助智能装备的自我数字化和借助AI网络、AI扫描的数字孪生。尽管这是一个巨系统，但是只要把握好它的主要矛盾并搞好长期演进，智慧城市建设才能做得更好。

2.由"打造智慧城市"向"经营智慧城市"转变

伴随着智慧城市建设逐渐走深走实，除了持续下沉之外，智慧城市的具体运行模式和运行中如何自我革新也将是重头戏。一方面，对智慧城市的投入将不断加码。物联网、环境传感器、全光网络、5G网络全覆盖、人脸识别和物体识别摄像头、车联网等智慧城市等基础设施，将成为智慧城市发展的主要方向。与此同时，对智慧城市的投入也将由物理向数字世界扩展。智慧城市基础设施不再仅仅是道路、高架桥和水电，它还承载着城市管理,并逐渐和物理基础设施物网融合。另一方面,随着科技设备井喷式增长,科技设备与数字空间全流程服务的设计、运行、维护、训练与管理已成为人们关注的焦点,如何利用智慧城市,将成为下一步工作的关键。

3."从人们之间的连接"到"万物互联"

万物互联场景中,智慧城市交互性将达到一个更高的层次,元素间形成了一个交互的新生态。在未来智慧城市深入推进的过程中,垂直领域的运用会越来越广泛,由人与人之间的联系,向万物互联演变。例如,医疗行业健康平台能够实现城市医院、疾控系统、社保中心和药店之间的数据互通,以便能够对城市内居民的健康状况做出及时的分析和判断,拟订城市健康发展政策,对重大传染疾病实施应急指挥。例如,城市生态平台能够综合评判城市环境传感器终端、卫星数据、气象数据和环境监测数据等,对城市生态质量进行分析;还可借助复杂的科学管理手段对环境生态数据进行分析,提前判断雨季城市内涝点,及时进行灾害防范。例如,城市信息平台能够对城市内部公共事件中群体反应状况进行实时分析和应急处理。

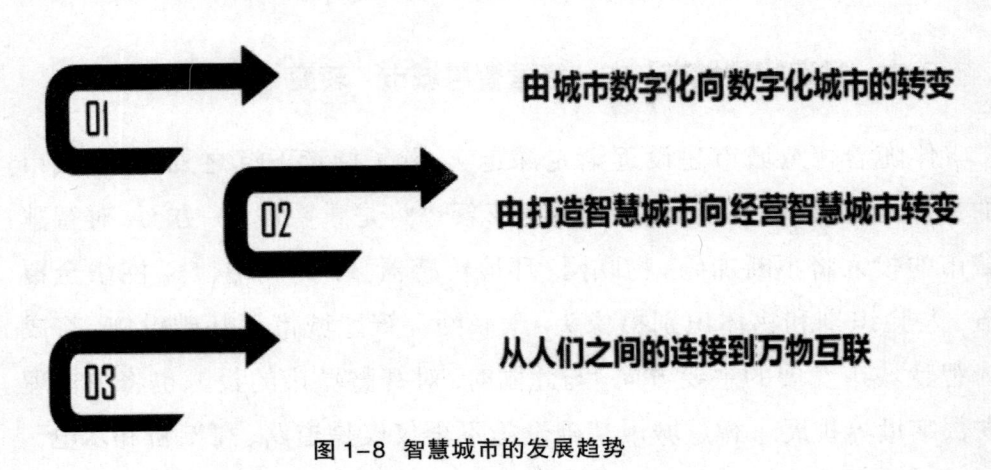

01 由城市数字化向数字化城市的转变
02 由打造智慧城市向经营智慧城市转变
03 从人们之间的连接到万物互联

图1-8 智慧城市的发展趋势

数字改变命运，智慧引领未来。通过汇聚更多的数据和技术，智慧城市将会实现城市治理模式更好地被感知、被协同，完成创新的突破。从产业发展模式到服务运营模式再到发展理念的变化都会有突破，这样才能真正发挥智慧的核心价值。只要科学施策，循序渐进，长期坚持，这座城市就会变得更精彩。

第二章　数字文旅发展趋势

第一节　智慧城市的发展

智慧城市是信息化、数字化社会高度发展的结果，是一种全新的城市形态，是城市未来发展的新方向。它的内部是一个相对独立的产业和服务模块，外部能连接产业发展、公共服务等城市运转的必需品。

国内外智慧城市的发展主要发生在2000年以后，智慧城市与各产业融合创新发展已是新的趋势。智慧城市与数字文旅的有效衔接，必然会整合个人、企业、产业以及政府之间的藩篱。延伸"智慧城市+"的产业链，推出更多文旅服务和产品。以下内容主要从国内外智慧城市的发展过程来分析，以期对文旅产业创新发展的背景和融合有更深入的了解。

一、国外智慧城市的发展过程

1. 智慧城市的发展及演变

最早于1990年在美国旧金山国际会议上，有学者提出"智慧城市，快速系统，全球网络"的议题，会后正式出版的文集成为早期研究智慧城市代表性文献。2007年欧盟委员会在《欧盟智慧城市报告》中提出智慧城市建设设想，被称为智慧城市概念的发端。在2009年，智慧城市的理念正式被IBM公司提出并建立相关发展路径。此后，各国的城市随即开始进行智慧城市的探索与研究，并逐步在各领域开始加以实施与应用。

从世界范围来看，欧洲的很多城市在转型为可持续经济体方面都处于领先位置，尤其是节能及减排等领域。例如，巴塞罗那建设低碳环境，包括无线控制的LED街灯、地区供暖制冷系统，以及更广泛采用的太阳能等。

在美国，智慧城市项目主要由地方政府制定和落实。虽然发展焦点因城市而异，但也有一些共同方向，包括提升出行移动性、改善能源效益、改革公共管治，以及强化信息及通信技术基建等。2002年，首架电动车在硅谷面世，该市政府规定所有拥有100个泊位以上的商业停车场及车库必须在最少10%的泊位空间内装设电动车充电站。

近年，阿拉伯城市为应对人口激增问题，也开始推动智慧化发展，并已取得一定成绩。迪拜是阿联酋7个酋长国之一，为区内数字转型的先行者。该市是全球首个推出区块链策略的城市，并已制定发展路线图，于2021年全面运用区块链技术。该市还着手把所有公共服务数字化，如缴交政府账单及办理牌照续期等。另外，所有对内及对外交易也将不再使用任何纸张，改为通过区块链经安全程序进行。

2.智慧城市的融合体系建设

智慧城市是工业化高级阶段的产物。无论是德国"工业4.0"、美国"工业互联网"还是日本"社会5.0"，本质上都是工业化的延续或高级发展阶段。但现在共存的问题是：大多数城市仍处在信息化、数字化阶段，还没有达到高阶的"智慧化"阶段。[1]

智慧城市最早的发展领域是智慧出行，也是全球智慧城市重点关注领域，近年来出行领域主要关注交通模型分析、路线优化与无人驾驶。例

---

[1] 龙瀛，陈玉露，等.智慧城市基础调查和变化驱动分析研究报告[R].日立（中国）研究开发有限公司和清华大学建筑学院，2019年.

如：新加坡发展自动识别出行需求的公共班车，首尔结合大数据开设夜间巴士，改善夜间出行。

国外智慧文旅也称为智能旅游（Intelligent Tourism），包括了各种文化内涵丰富、技术含量高、新颖独特的体验式文化旅游新业态、新产品和服务新模式。

比如，美国的沉浸式主题乐园、沉浸式娱乐，英国的沉浸式戏剧、沉浸式新媒体，日本的动漫主题乐园和动漫小镇等。

欧洲国家在 2009 年进入探索与应用阶段以后，首先在城市交通领域实现智慧化，体现在无线网络的覆盖上。相关的智能导游、信息公开、旅游提醒等配套服务与管理也逐渐完善。

英德两国为游客开发了手机APP小程序，通过手机即可查询出行线路、线路视频介绍、景点介绍、景区服务指引等智能服务。

同时期的韩国首尔市也通过手机小程序平台，为世界各国的游客提供了多种语言的查询和导航功能。在交通设施方面如公交站点等数字化建设速度较快，普及率高。

欧美等国家通过创新驱动和数据驱动发展模式推动现代科技在文化旅游产业方面的集成应用，大力发展智慧文旅新兴消费产业，实现文旅大数据资源的开放和共享，建立了相对完善的智慧文旅产业生态，智慧文旅产业已进入快速成长期。

二、国内智慧城市的发展过程

我国对智慧城市的关注从2009年开始，以IBM的《智慧的地球》报告为标志，宣告智慧城市在我国被正式提上国家日程。2011年开始，我国的各沿海城市率先在智慧城市的发展逐步开始建设。自此，智慧城市备受国内学术界和实业界关注。

1. 国内智慧城市的建设发展过程

总体来说，我国的智慧城市建设是在参考国外研究经验的基础上开展的，国外的智慧城市建设有着前沿的理论基础和初步的实践经验，我国还是在探索中不断地完善理论研究和实践应用。

我国智慧城市在初步建设阶段，理论研究和实践应用主要集中在信息技术和基础设施方面。注重技术导向为主要原则，融入城市建设中。宁波市在2012年出台相关的行动计划，斥巨资建设信息网络基础、信息共享工程、智能应用基础设施、云平台。上海市在2011年智慧城市大会中出台了三年行动计划，在云平台、物联网、共享政务等八项专项平台上建设。2017年阿里巴巴企业杭州总部对杭州市的大部分路口信号灯和监管视频进行了整合，将一些城市动态交通网、交通管理、公共服务等方面的数据汇集在一起，对复杂的交通路况及优化起到了重要的改造升级作用。由此，智慧化的政务服务和交通服务在我国各大城市迅速开展起来。

2018年开始，我国进入初步探索阶段，多项政策及多个部门推动智慧城市建设。地方政府陆续出台了智慧城市建设指南和相关指导性文件。在云平台建设和物联网的应用方面进行了明确指引。从交通领域及政务服务开始，逐步拓展到医疗、科学教育文化、旅游休闲等消费领域。智慧城市建设应用领域的广度和深度正在逐步加快。技术层面如窄带物联网（NARROW BAND INTERNET OF THINGS，NB–IOT）、5G网络、大数据、人工智能、区块链、智慧城市平台和OS等为中国智慧化提供了重要的技术推动力。

2018年，根据德勤（Deloitte）发布的《超级智慧城市报告》（Super Smart City），全球在建超过1000个智慧城市项目中，中国以超过500个项目数量排名第一，中国智慧城市的建设进入高速发展时期。住房和城乡建设部在2020年4月公布了智慧城市建设的试点单位有290个，相关部门公布了近1000个。从数量角度来看，中国成为全球智慧城市建设国中的大国。

2. 国内智慧城市的发展模式

自2009年开始，我国就利用各个城市的特点，因地制宜地推进智慧城市的发展建设，积极探索发展的新模式和新思路。从国内外发展服务模式来看，目前智慧城市主要有三种模式：第一种模式是由政府独立投资、建设、运营（官办官营）；第二种模式是由第三方或运营商独立投资、建设、运营（民办民营），第三种模式是由政府指导规划，运营商投资运营。由于我国在信息技术水平和运营商建设经验方面有所欠缺，因此主要采用第三种发展模式。

第三种发展模式，即政府进行规划，运营商来投资运营。上海市作为我国沿海发达城市，主要就是采用这种模式进行智慧城市初期建设的。上海市政府利用出台的政策和完善的基础设施，把经济优势、人力资源优势加以很好的整合利用。市政府制定了整体规划和政策引导，运营商作为主要的投资方。在整体规划中把公共领域的投资和商业投资区别开来，商业领域投资按照市场定价进行收益分成，使政府和企业的获益得到了平衡。上海市在智慧城市建设中的这些举措为国内智慧城市的发展提供了诸多宝贵经验。

另外，在第三种模式中，常见的还有政府部分出资，第三方部分投资、建设、运营，政府和企业共同对后期的运营、管理与维护负责。2009年开始，深圳市与中国移动、联通和电信等网络运营商达成战略协议，共同建设智慧深圳。这方面的案例还有厦门与广州市，政府给予企业少量补贴，同时协调各个部门配合运营商来实施建设、运营和管理。这种模式给市民带来了免费、便利的网络服务，同时也方便了政府对网络的监管。

政府牵头的BOT模式是我国在智慧城市建设方面采用的又一种模式。该模式涉及初期由运营商运营，最终交由政府管理。值得注意的是，这种模式并不单一。据相关统计，政府与IBM和思科等国际跨国公司合作的项目数量近乎占到1/3，这个数字是根据不完全的统计所得。近1/3是政府出台政策，电信运营商负责建设、运营和管理。未来长远规划，智慧城市将逐步发展成为社会企业联合运营的模式，多个投资方共同出资、建设、运营和维护，从而形成有效的产业链，实现共同盈利。

就目前中国智慧城市各领域的发展现状而言，中国的智慧化发展的重点在信息化、数字化、平台化建设，同时智慧交通、智慧政务、智慧安防等领域已取得一定的成果。但不能忽视的一个现实问题是，中国的工业化和城镇化发展仍在进行之中，与城市实体的物质空间相关的领域仍然较为薄弱，如智慧医疗、智慧居住、智慧环境等方面。

国内外智慧城市的发展过程如图2-1所示：

```
智慧城市的发展
├── 国外智慧城市的发展
│   ├── 智慧城市的发展及演变
│   │   ├── 1990年美国旧金山国际会议中首次提出智慧城市的发展
│   │   ├── 2007年欧盟委员会提出智慧城市建设构想
│   │   └── 2009年智慧城市理念正式被IBM公司提出并建立
│   └── 智慧城市的融合体系建设
│       ├── 2021年迪拜市着手把所有公共服务数字化
│       ├── 最早应用在智慧出行领域，该领域也是智慧城市的重点关注领域
│       ├── 随后，出现在智慧医疗、智慧教育、智慧制造等领域
│       └── 智慧旅游成为文旅产业发展的新模式
└── 国内智慧城市的发展
    ├── 国内智慧城市的建设发展过程
    │   ├── 2009年智慧城市在我国被正式提上国家日程
    │   ├── 2011年国内各沿海城市开始建设智慧城市
    │   └── 2018年中国的智慧城市建设进入高速发展期，成为智慧城市建设的大国
    └── 国内智慧城市的发展模式
        ├── 第一种模式是由政府独立投资、建设、运营（官办官营）
        ├── 第二种模式是由第三方或运营商独立投资、建设、运营（民办官营）
        └── 第三种模式是由政府指导规划，运营商投资运营
```

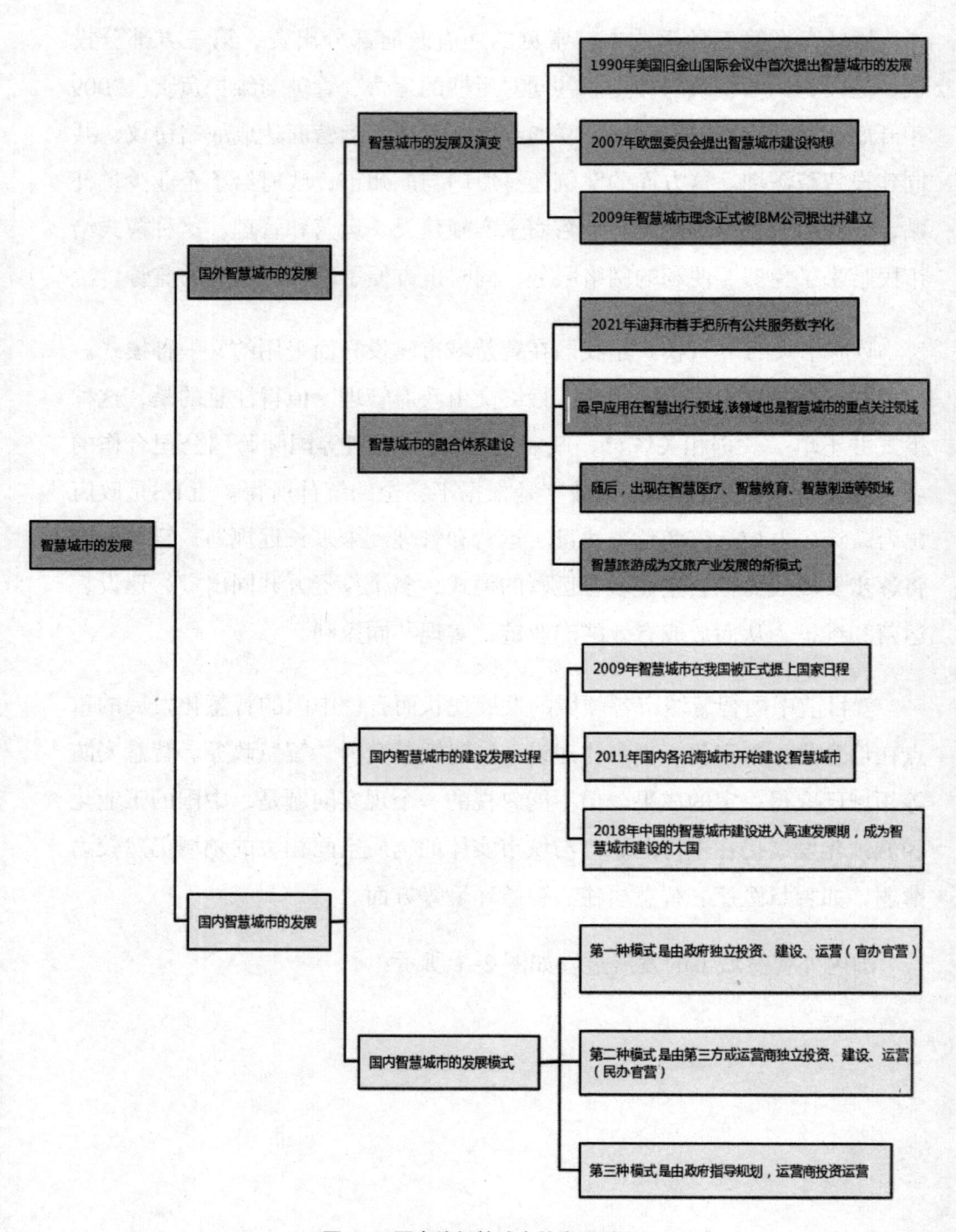

图 2-1 国内外智慧城市的发展过程

第二节　文旅产业的信息化

一、文旅产业的概况及发展过程

旅游业的发展历程与国家的经济社会发展历程高度契合。从早期的无到有、从小规模的发展到大规模的蓬勃发展和演变，我国已成为全球最大的国内旅游市场，世界领先的国际旅游消费大国和全球第四大旅游目的地国家。

按照国家发展的总体进程，结合旅游业发展的自身特点，可以将旅游业发展历程划分为四个阶段。

在1949年到1977年期间，是外交事业的第一阶段，其主要特点是旅游接待服务由华侨服务社和中国国际旅行社两大机构承担，华侨服务社主要负责为侨民提供服务，而中国国际旅行社则主要负责接待来华的外宾。

在第二阶段，即1978年至1990年的快速起步阶段，旅游业发展出以国营旅游企业为主导的经营体制，同时入境旅游、国内旅游和出境旅游三种市场并存，形成了初步的市场格局。到了20世纪80年代，国内旅游逐渐增多。试点新、马、泰出境旅游，使得出国旅游热潮席卷而来。

在旅游业经历了1980年代初的起步阶段和1990—1991年的调整阶段后，进入了第三阶段，即1991—2008年的迅速发展阶段。在这一阶段中，旅游业抓住了市场改革和加入WTO的新机遇，迅速快速发展起来。在这个过程中，国内旅游市场逐渐成为中国旅游市场的主体。2008年中国旅游业统计公报所示，国内旅游收入总额达到8749.30亿元人民币。中国公民出境人数达到4584.44万。旅游业总收入达到1.16万亿元人民币，形成了国内旅游、入境旅游和出境旅游三大市场三足鼎立的市场格局。

第四阶段是 2009 年至今的国家综合发展战略时期。作为战略支柱产业，旅游业与国家战略相结合。城市旅游作为最初的旅游形式，随着时代的发展，现已衍生出诸如乡村旅游、会展旅游、生态旅游、工业旅游、红色旅游等多种旅游形式，还不断涌现出各种新型旅游业态。

信息化和数字化的不断发展，逐渐成为文旅产业开发中的新手段和新形式。数字化技术的广泛应用正在推动文旅产业数字化研究不断发展，在景区建设、文化传媒、文旅企业的管理和产品开发等方面得到应用。国务院在 2009 年出台了《关于加快发展旅游业的意见》，通过信息化手段来提高旅游服务效率的建议被提出，同时旅游业要在这个方向上努力推进现代服务业与信息技术的融合和发展。

旅游业发展历程

- 第一阶段1949年至1977年
  - 旅游接待服务由华侨服务社和中国国际旅行社两大机构承担
  - 华侨服务社主要负责为侨民提供服务
  - 中国国际旅行社则主要负责接待来华的外宾
- 第二阶段1978至1990年
  - 以国营旅游企业为主导的经营体制
  - 同时入境旅游、国内旅游和出境旅游三种市场并存
  - 试点新、马、泰出境旅游，使出国旅游热潮席卷而来
- 第三阶段1991至2008年
  - 随着市场改革和加入WTO的新机遇，迅速发展起来
  - 国内旅游市场逐渐成为你中国旅游市场的主体
  - 形成了国内旅游、入境旅游和出境旅游三足鼎立的市场格局
- 第四阶段2009年至2017年
  - 国家综合发展战略时期
  - 旅游业与国家战略相结合
  - 已衍生出诸如乡村旅游、生态旅游等多种旅游形式，不断涌现跟踪旅游新业态
- 第五阶段2018年至今
  - 文化部和旅游部进行了合并，实现了机构上的一体化
  - 各个省市相继宣布成立文化和旅游厅
  - 国家文旅的融合发展使得旅游产业进入了一个多元的新时代

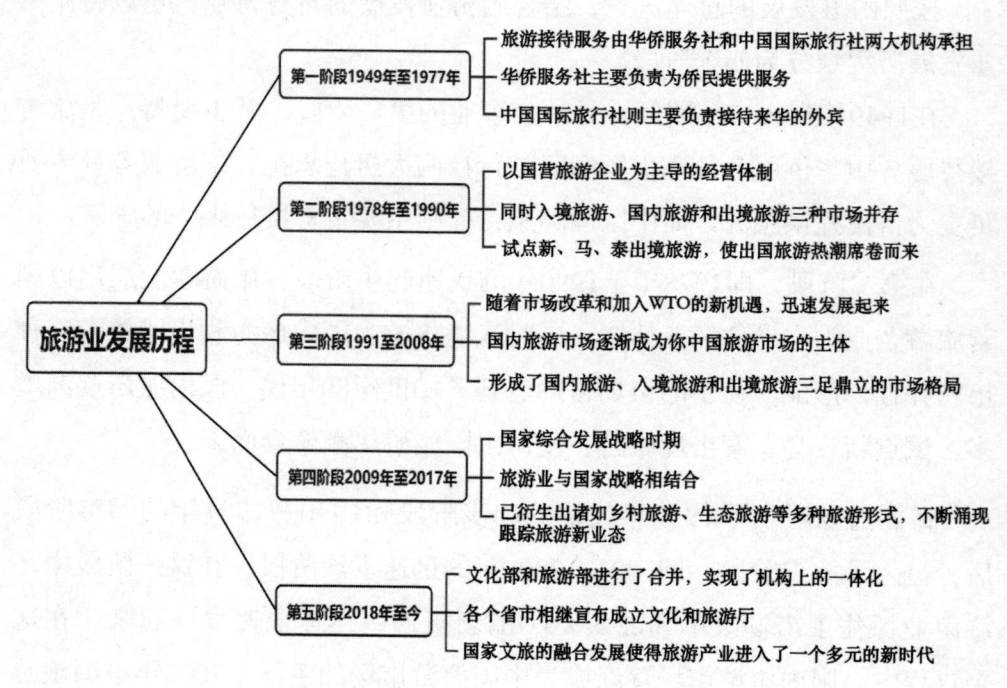

图 2-2 旅游业发展历程

2017年以后,"数字经济"频繁出现在各级各地政府工作报告中。可见"数字经济"已经在高层被重视并发挥其在文化产业中的作用。"数字+""文化+"的赋能作用开始显现。数字文旅产业和智慧景区建设以数字技术为依托,传统的服务不断升级、传统的业态不断创新、传统的思想观念不断刷新,智慧新基建工程被广泛应用。

2018年,文化和旅游部进行了合并,实现了机构上的一体化。随后,31个省市相继宣布成立文化和旅游厅,这一改革使得旅游业的产业属性发生了变化,传统的旅游属性开始向文化属性转变。同时,国家文旅的融合发展使得旅游产业进入了一个多元的新时代。

二、文旅产业信息化发展的案例分析

2010年,随着智慧旅游酒店以及旅游景区的兴起,全球首家智慧酒店诞生在杭州黄龙饭店,"智慧景区"的概念首次应用在四川省九寨沟风景区。2011年,江苏省镇江市率先引入智慧旅游发展理念,并创办国家智慧旅游服务中心,因此成为首批全国智慧旅游建设示范市。2020年,由于疫情带来的特殊背景,催生了一种新型的旅游营销模式,名为云旅游,其速度更快。携程发起的"景区云旅游"活动,免费开放了近7000条语音导览产品,涵盖全球48个国家832座城市共计3000多家景区,得到了公众的广泛好评。[1]

1. 景区数字化

我国故宫、华侨城、黄山、九寨沟等景区在数字化应用方面比较先进,可以作为其他景区借鉴的案例。国内游客主要以自助游为主,在信息服务选择过程中,他们更加注重与目的地相关的服务信息,语音导游成为新的发展趋势。在语音导游服务中游客更希望对他们的出行路线进行规划,而

---

[1] 拥抱科技,文旅行业发力线上服务:文旅魅力,"云"端绽放－人民网 [EB/OL].
http://it.people.com.cn/n1/2020/0306/c1009-31619915.htm.2020-3-6.

新兴的电子导游系统能够满足游客对数字化旅游的新需求,弥补了景区相关基础设施建设不完善的不足,能够为游客带来良好的自然观光和消费体验。

2. 数字博物馆数字化

1998年的"数字敦煌"工程也引用了数字技术,利用VR技术进行了虚拟场景的模拟建设,使游客在博物馆内就能够感受到传统文化的博大精深。近年来博物馆已经融入了数字化的发展理念,通过政府投资进行数字化建设,了解观众的真实需求,与观众实时互动,从而能够为观众带来良好的体验。将艺术和技术进行融合,创新了博物馆的教育方法和理念。同时,博物馆与美术馆的发展也为周边的各行各业提供了新的发展机会。目前北京故宫博物院、上海博物馆、南京博物院都在以互联网技术为核心,致力于打造全新的数字博物馆。

3. 主题乐园数字化

我国目前已经通过数字化技术对各大主题乐园进行整体改造,大小型的游乐场都引进了数字化技术,通过3D与VR技术,游客可以进行场景体验,还原场景的真实感。例如,在赛车游戏时,使用VR眼镜可以看到"真实"的赛道,游客随着赛道转弯而转弯,增强了游客的体验感与对游乐场的认可度。

4. 文旅企业数字化

文旅企业顺应了数字化转型的浪潮,70%以上的企业都开始进行转型。许多企业已经开始在局部推广和试点阶段,并且已经引进了先进的人才和创新理念。文旅企业对于业务数字化、企业运营管理数字化、内部运营管理数字化三个方面运用较为明显。

三、文旅产业信息化发展的对策及措施

1. 利用政策引导，推进文旅新基建，夯实产业发展基础

全方位优化"数字 + 文旅"顶层设计。通过精细化的策略引导行业发展，鼓励多元市场主体参与。加强数字文旅新型基础设施建设，如5G网络基站的建设与应用。

2. 促进数字文旅产业多元化的应用融合

产业融合是一种信息产业之间交叉的现象，借助数字技术实现，属于技术问题，着重强调技术在不同领域中的渗透和应用，从而推动创新。通过数字化技术手段创新型传播，人们通过手机即能了解社会的海量信息，同时独立的个体成为信息的接收者。政府通过公共信息管理平台，开发数字化管理网格，推出智慧城市管理方法，城市智能交通管理服务、资源和生态环境智能监控等内容共同组成一套管理运行的体系。利用数字化技术，文化资源信息库不断整合，并融入文旅产品中。

3. 加强品牌建设，完善传播体系

讲好中国故事，传播好中国声音已经成为新时代数字文旅产业高质量发展的重要目标之一。这就需要我们利用文化旅游资源信息库的数字化建设，给予主题化和系列化的发展思路，提升互联网时代的传播效能。个体消费者是数字旅游项目信息的最终接收者，只有让使消费者群体得到认同并产生良好的口碑效应，才能最终促成交易的产生，才会在传播体系与数字文旅项目建设中产生良性互动。

4. 提高综合保障能力，实现长效治理

网络的广泛普及为数字文化旅游带来了可能，但同时也产生了网络安

全问题。消费者如果操作不当会给线上支付和获取旅游信息带来风险，因此网络安全被视为数字文旅产业发展的基石。政府相关部门应当优化监管政策，注重动态监管措施和有力的针对性，注重行业、产业的规范进出机制，对知识产权和专利内容进行有效保护和奖励，相关的法律法规要不断地配套完善，提高完善的综合保障能力，实现闭环管理。

```
文旅产业的信息化
├── 文旅产业的概况及发展过程
│   ├── 2018年以前
│   │   ├── 第一阶段 1949年至1977年
│   │   ├── 第二阶段 1978年至1990年
│   │   ├── 第三阶段 1991年至2008年
│   │   └── 第四阶段 2009年至2017年
│   └── 2018年以后
│       └── 文化部和旅游部进行了合并，国家文旅的融合发展使得旅游产业进入了一个多元的新时代
├── 文旅产业信息化发展的案例分析
│   ├── 景区数字化
│   ├── 博物馆数字化
│   ├── 主题乐园数字化
│   └── 文旅企业数字化
└── 文旅产业信息化发展的对策及措施
    ├── 利用政策引导，推进文旅新基建，夯实产业发展基础
    ├── 促进数字文旅产业多元化的应用融合
    ├── 加强品牌建设，完善传播体系
    └── 提高综合保障能力，实现长效治理
```

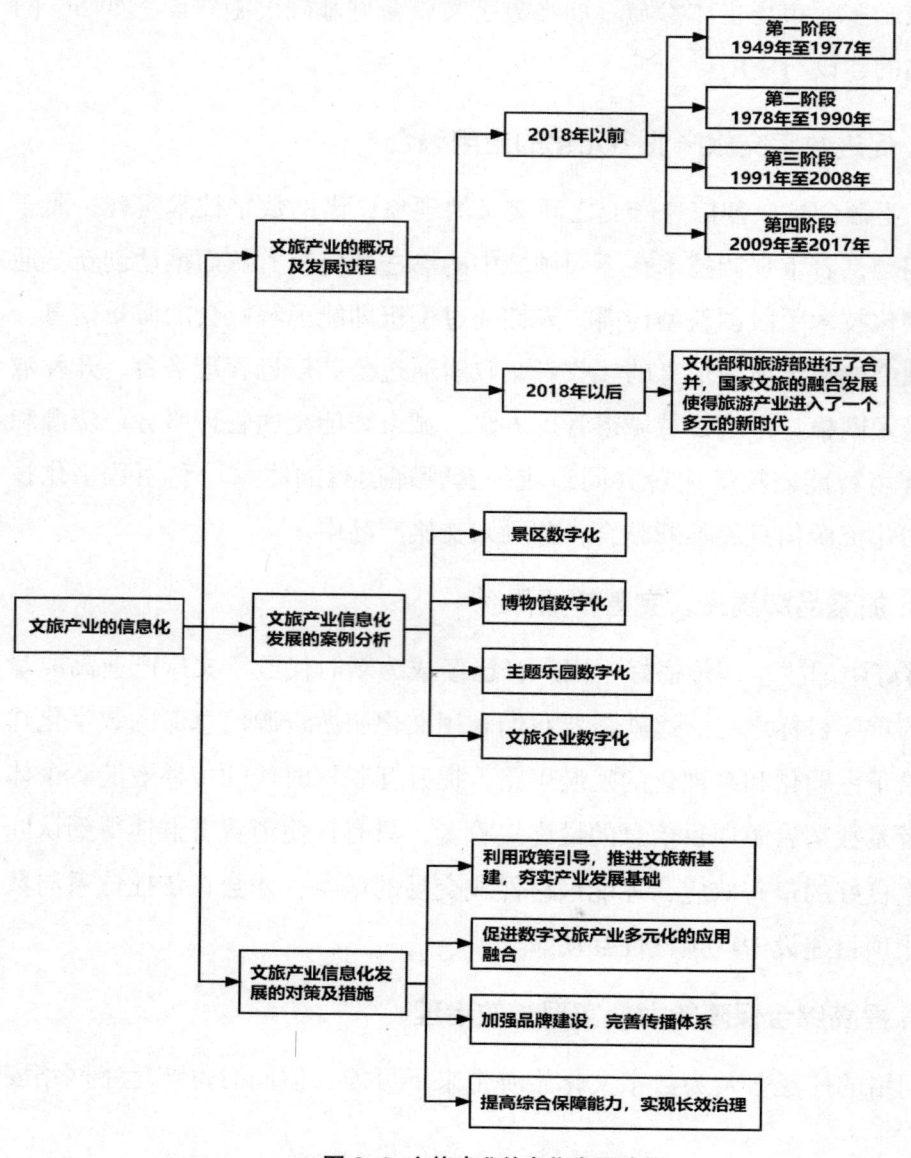

图 2-3 文旅产业信息化发展脉络

第三节 数字文旅背景下的智慧旅游

智慧旅游的内涵是指以特色文化为内在驱动，以现代科技为主要手段，通过 5G 网络、大数据、物联网、人工智能等新一代信息技术实现"文化+旅游+科技"融合，进而在旅游景区建设与体验、旅游服务与管理、旅游营销与传播等方面丰富旅游新业态的发展。

智慧文旅的建设与发展主要体现在三个方面：

第一，创新文旅体验和消费服务智慧化是面向消费者的两个重点，它们旨在提升消费者的满意度和体验感，在满足多样化与个性化的市场需求与文旅产业资源高效对接的基础上，实现精准的线上线下无缝服务和深度文化体验等实时、互动、个性化服务，不仅大幅提升了用户体验，而且推动传统的旅游观光消费方式向现代文化旅游体验消费方式转变。

第二，为企业提供文旅服务和产品的智慧化设计。智慧移动出行、智慧住宿酒店、智慧导游服务、智慧景区建设、智慧游乐与文博，以及虚拟旅游、大数据精准营销以及 OTA（在线旅游）个性化在线定制等，共同构成了全方位的智慧化服务。

第三，为政府和行业管理的智慧化提供服务。在景区动态监测、人流引导与安全预警等信息监管方面进行全面了解，可以更加深入地掌握旅游目的地动态、游客的需求、投诉与建议等方面的信息，进而使传统旅游管理向现代管理方式升级转变，优化精简政府的决策和管理。

一、智慧旅游的发展过程及趋势

1. 智慧旅游的发展过程

从技术和产业视角看，国内智慧旅游的发展经历了四个阶段。[1]

---

[1] 徐宪平. 新基建：数字时代的新结构性力量 [M]. 人民出版社，2020.

第一阶段为信息化阶段（1997—2009 年），各种互联网旅游信息服务平台纷纷成立，提供宣传介绍、攻略导游、社区交流、机酒预订、路线查询等功能，初步实现文化旅游的信息化。

第二阶段为移动化阶段（2009—2012 年），手机 APP 取代网站成为消费者使用的主要入口和游客获取信息和消费的主要方式。

第三阶段为智慧化阶段（2012—2019 年），智慧文旅的概念逐渐形成，更多融入 5G 网络、云计算、物联网、大数据、人工智能等信息技术，根据顾客需求将感知信息进行加工建立智慧系统实现智慧化应用，通过场景创新打造文化科技融合的文化体验服务和产品，强化个性化服务，提升服务体验满意度。

第四阶段进入智能化阶段（从 2019 年开始），旅游业传统的发展方式和产业格局正在被物联网、5G 网络、人工智能等新兴科技、新模式、新业态所改变，文旅行业已进入万物智联的高智慧期，智慧技术能够使旅游的各个环节无缝连接，给游客带来更舒适、更连续的体验。

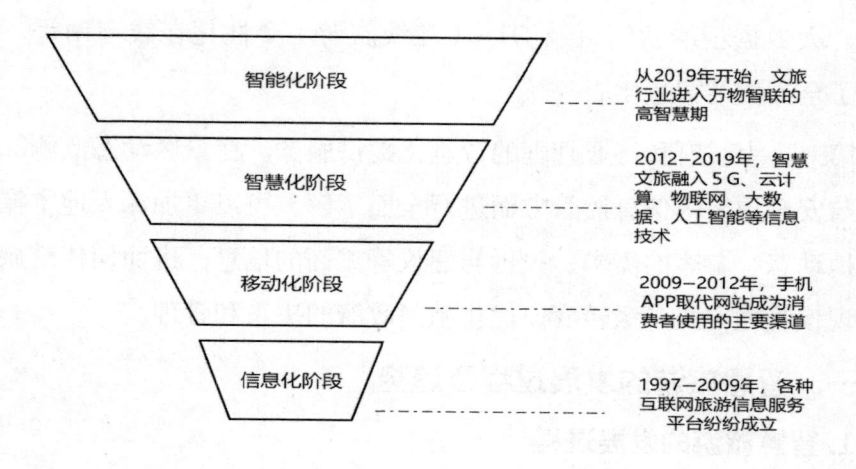

图 2-4 国内旅游发展历程

2. 国内外智慧旅游发展情况

对比国外智慧旅游产业发展现状，我国智慧旅游产业发展空间巨大。

（1）从发展模式和发展阶段看

美欧日韩等国通过创新驱动和数据驱动发展模式推动现代科技在文化旅游产业中的集成应用，大力发展智慧文旅新兴消费产业，实现文旅大数据资源的开放和共享，建立了相对完善的智慧文旅产业生态，智慧文旅产业已进入快速成长期。

当前，我国的文旅产业正处于从传统观光经济向文化消费体验经济的转型期，智慧文旅经过几年的发展，虽在信息化、网络化和平台化建设方面已跻身全球先进水平并开始步入智能化发展阶段，但在以文化体验为核心的文化旅游新兴消费产业发展方面才刚刚起步，发展模式正在从资源要素驱动向创新驱动和数据驱动转变，新兴产业规模不大，智慧文旅产业整体处于形成期。

（2）从发展路径和发展思维看

美欧等国通过建立以IP为核心的智慧文旅产业链，确立产业竞争优势。如英国大力发展以"哈利波特""唐顿庄园"等IP为核心的数字创意产业和智慧文旅产业，确立了全球创意经济规模软实力第一的地位；美国不断通过以迪士尼为代表IP创意和创新发展，确立在全球智慧文旅的竞争优势。

目前，我国文旅产业的经济增长方式和房地产思维正在不断加快和创新，呈现良好发展态势，但投入主要以资源型重资产投入和文化地产发展路径为主，以IP为核心，文化科技融合的文旅体验新场景、新产品、新服务、新业态严重匮乏，智慧文旅产业生态体系仍需进一步建设完善。

当前，智慧文旅正在进入一个以网络化、数字化、智能化为核心特征的万物互联、人机智联的数字时代。新型数字基础设施与智慧文旅的融合发展，将推动智慧文旅产业全要素数字化转型和全要素生产率提升，成为引爆未来智慧文旅产业发展的结构性力量。

二、数字文旅背景下智慧旅游的应用

1. 智慧旅游资源内容的数字化保护与利用

"讲好中国故事、传播好中国声音"，公共数字文化建设要以弘扬中华优秀传统文化为宗旨，着力于资源整合，挖掘更多精品故事。[①]

（1）挖掘各地方的历史文化资源

当我们谈到旅游时，不能忽略文化在旅游中的重要作用。尤其是数字化旅游信息的传播和推广，更应该以当地的历史文化为基础，用深入挖掘当地的文化特色的方式来丰富旅游的灵魂。中国的历史文化具有独特性、丰富性和多样性，包括山地特异地貌、生物水体、大气和天象等自然资源，神话传说、历史遗迹、民俗风情、宗教文化等人文资源多个方面。这些内容是支撑场馆和景区丰富人文内涵的基础。

扩大景区知名度和吸引游客的主要方式，也包括采集加工当地民间传说、人物故事、历史典故。然而，故事的灵感来源主要在于挖掘现有史料，将其再加工创造成新的作品，其中包括图书馆收藏的地方文献、非物质文化遗产中心的专题资料以及景区所提供的历史资料等。

深入民间进行收集、挖掘，通过访问、问卷、调研、勘查等多种方式让人文故事变得丰满起来，这样做既可以让我们更好地了解、探究历史文化等方面的知识，也可以从中获得更多的故事资源，使我们的人文故事更

---

① 沈嵘，泰州市图书馆. 文旅融合背景下公共数字文化助力智慧旅游的应用研究 [J]. 文化产业，2022.

加生动、有趣。

(2) 重视人文资源的整合与分类

我国各级政府部门及组织从未间断地关注和重视文化资料的搜集，这些资料包括各种类型的文献资料、展览讲座、故事音视频、影视戏曲、慕课微课、专题访谈等，资源内容丰富多样。许多珍贵的人文资料，在图书馆、博物馆、文化展览馆和社会团体协会等各类组织单位得到有效保存，这些资料已经进行了初步的数字化处理。社会各界已经开始重视搜集散落各处的人文资源，并进行系统的整理和分类，以此丰富数字旅游平台的内容，让原本分散在各个部门的休闲旅游资源重新焕发生机。

(3) 对已有的地方资源进行数字化利用

公共文化工程数字化大多地方部门已经开始展开，他们主要是与当地文博展馆等部门联合建设各种数字资源，如历史文献专题数据库、红色基因专题库或非遗文化专题库等，为当地智慧旅游建设提供了多样化的内容选择。要在地方智慧旅游建设中更好、更快地融入数字资源产品，需要加快数字资源产品的转化和合理应用。在公共文化工程数字化的推动下，我们可以将已有的数字文化资源分享在智慧旅游服务中，有效利用资源。

2. 数字文旅产品在智慧旅游中的应用与推广

(1) 线上平台的开发使用

微信公众号和小程序是近年来比较主流的应用平台，同时一些新增的APP软件、微博以及受年轻人追捧的小红书等平台正逐渐成为商家推广利用的渠道。各个文化旅游景区及场馆都在积极开发建设自己的网站和平台，通过这些网站、平台来展示各地特色的数字文旅产品，达到了很好的线上推广效果。在目前众多的平台推广渠道中，微信小程序应用被认为是相当便捷的一种，因为小程序中的内容可以通过微信的平台被方便地获取和传播,并且在使用方面也提供了良好的体验。游客只需要扫描二维码,便可直接浏览产品内容,无须安装任何相关软件。目前,国内许多知名的旅游景点均已开发了小程序应用,并提供了自主研发的"人工智能导游"服务,如北京的故宫博物院、西安的大雁塔等。广大游客都非常喜欢通过使用手机扫码的方式来获取对应景点的详细信息。

(2) 使用公共云平台进行推广

据相关统计,我国已经完成初步的公共数字文化服务网络建设,包括建成了国家、省、市、县、区、镇、村六级网络,地市级以上的平台已经建成。公共云平台已完成建设,包括1个国家级云平台和33个省级云平台。此外,许多地方也正在积极开展文化云平台的开发工作,包括城市级别的平台。在文化旅游和其他行业融合的趋势下,各地文化和旅游部门正积极发挥自身的角色,承担起推广整个区域文化旅游的重要任务,为实现全域旅游目标提供了支持,从而提高了旅游景点的知名度和影响力。江苏旅游网和江苏公共文化云平台由江苏省文化和旅游厅主办,共同为当地各旅游景区和场馆的线上推广工作提供服务,包括旅游推介与宣传、场馆的预约与预订等。

(3) 与知名网络平台进行合作推广

为了在文旅市场上获得更大的影响力和竞争力。与有一定知名度和影响力的网络平台展开深入合作是地方文旅景点首先应当做的。其次,要把文旅项目推广到更广泛的范围,还可以与百度、高德等数字地图平台合作,通过有声语音故事资源,向自驾游的游客介绍当地的相关旅游信息。最后,可以利用途牛、携程等知名度较高的旅游服务公司展开合作、发布信息。

(4) 注重移动终端的开发,构建消费场景服务

随着时间的推移,越来越多的消费者已经养成了使用手机端完成整个

旅游消费闭环的习惯。因此，新兴的技术也正在广泛地被人们所运用，让手机成为打通旅游市场的重要途径。在文旅产业中，随着 5G 网络技术和智能移动终端的高速发展，5G 智慧旅游正在掀起一股热潮。我们要根据各种终端不同的应用需求，发挥大、小屏协同的优势，为用户提供各种智能化的服务。在构建数字文化产品时，也应更注重移动化的开发，并提供适合移动终端的资源和便捷的使用功能。这样，我们就可以实现对各类文化旅游信息的智能感知和方便利用，同时还有景区及场馆环境的智慧化建设，共同构建消费场景和服务场景。

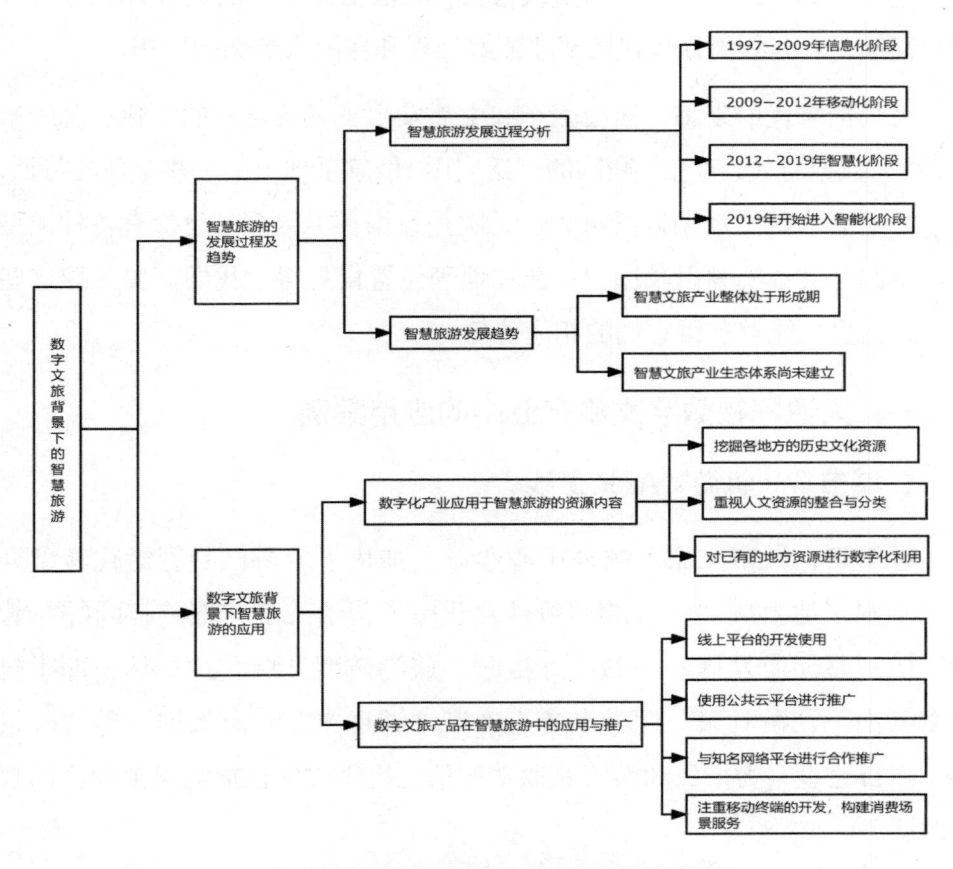

图 2-5 数字文旅背景下的智慧旅游发展脉络

第四节 大数据与数字文旅

早先,大数据是 IT 行业的专用术语。其主要指的是那些信息量大且无法依靠常规软件工具在一定时间和空间范围内捕捉、管理和处理的数据集合。为了更好地整合这些复杂数据,管理者需要采用一种新的处理模式,以应对信息资产多样化、增长率高和数据海量等情况,并且要求此模式具有流程优化能力、整合处理的洞察力和决策力。就技术而言,大数据和云计算是相似的,因为大数据的量级很大,无法借助单一的处理设备进行分析和存储,只有利用分布式构架才能够处理和保障大数据的应用。

大数据时代的来临,社会生产和生活发生了翻天覆地的变化。总的来看,在大数据时代,随着互联网的广泛应用,信息呈现出了一些全新的特征,其中最显著的就是数据体量极大。其次是数据种类繁多,包括有各种类型的网络图片、音视频以及用户信息、地理位置信息等。我们需要处理这些海量的信息才能够获得它们的相应价值。

一、大数据在数字文旅产业中的应用案例

1. 城市"一机游"APP 上线

近年来,城市文旅大数据中心建设,加快了旅游产品智慧化转型升级,全国多地上线"一机游"项目,开展了若干关于"旅游+互联网+管理"的智慧旅游发展、公共服务提升、旅游转型升级实践。从一部手机"游云南""游甘肃""游乌鲁木齐""游辽宁""游大连"等"一机游"项目建设,为市民和游客获取文旅信息提供方便快捷的渠道和全面智能的服务。

注重移动终端的开发与应用,直接面向游客,提供智慧化服务信息,

提升了智慧化管理水平和游客体验。

"游辽宁"APP 及小程序是面向游客的数字化解决方案，它能提供实时景区直播、游玩攻略、天气查询、文创爆款、酒店预订、懒人向导、一键投诉等多场景服务。此应用覆盖游前、游中、游后全流程，让游客"一机在手、说走就走、全程无忧"。

利用数字身份、消费与诚信体系、全域投诉服务体系等技术可以支撑面向政府端的综合管理平台和大数据中心，实现游客投诉与建议、景区动态高峰监测、交通便携协调、医疗服务联动、政府监管政策变化等功能。在这种情况下，我们可以在一部手机上管理旅游行程。

图 2-6 "一机游"APP 小程序图　　图 2-7 "一机游"APP 小程序图

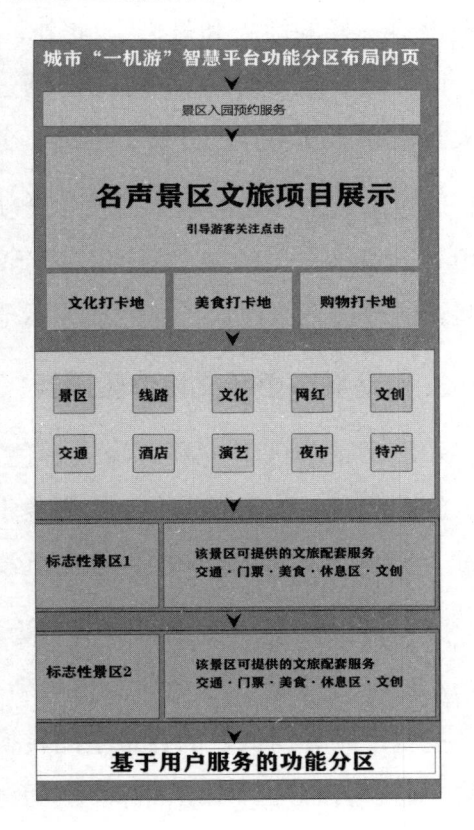

2.VR/AR+AI 的创新应用——萧山智慧·城市馆

萧山智慧·城市馆AR导览主要是基于视觉定位技术，并利用高精度地图和SLAM（同步定位与建图）来实现。AR全局多人互动城市沙盘采用的是AR虚拟内容和实体沙盘叠加技术，通过构建空间全要素的展示来呈现。

作为有生命的智慧展馆，萧山智慧·城市馆的主要功能是通过人工智能和物联网的融合，将全馆数据汇聚于中枢，从而实现对人、车、物、地等各个维度的智能感知。智慧展馆是一个城市文化与信息技术深度融合创新发展的重要展示窗口，通过现代信息技术的开发与利用，让城市发展呈现出不一样的活力和魅力。此外，展馆还利用AI深度学习进行自我迭代，以提高智能辅助决策的水平。通过采用基于人脸属性检测的技术，结合大数据和深度AI算法分析，推出了个性化路线定制展项。

通过运用多样化的数字科技、全新艺术化手法全方位立体化地展现了萧山"奔竞不息"的城市精神。基于VR/AR+AI的各种智慧化展馆等对传统展馆的改造升级建设，已经成为示范。

3. 推动城市更新文化体验服务：沉浸式特色文化情境体验街区

乐山市市中区上中顺沉浸式特色文化情境体验街区是一个集文化体验、旅游消费、休闲娱乐和生活服务于一体的沉浸式体验文商旅消费产业集群，是线上线下互动参与的全新沉浸式业态组合。

该项目以沉浸式文化体验消费为核心，深度挖掘乐山美食文化IP，并与AR/VR、全息、互动新媒体等新科技融合，通过空间创意和业态创新，把城市闲置与低效的存量空间转换为弥漫式交互体验的舞台，打造了"鲜、甜、苦、辣"乐山四味多空间沉浸式体验与消费场景，讲述老城蕴含的动人故事，浓缩味蕾跃动的乐山味道。

同时通过故事体验与消费场景的动线设计串联，把文化体验与当地的美食、非遗、商业、休闲、社交、新零售及网红经济等多元文化和商业场景结合，实现公共空间、商业空间与展演空间的完美融合。

二、大数据在促进文旅产业发展中的问题分析

大数据在促进文旅产业发展的过程中还存在着个人隐私信息泄露、滥用大数据和应用平台垄断等深层次问题，具体体现在以下几个方面：

1. 个人信息安全遇到挑战

个人信息安全与大数据的开发利用是一种矛盾的存在，大数据之间的关联和共享、挖掘与利用是使用效率的关键和技术优势。正是基于这样的优势，一旦被别有用心者利用，个人的信息安全就会面临严峻的考验。

2. 旅游商品价格与质量参差不齐

文旅企业在数据后台能查看到游客的消费记录和消费习惯等消费行为，通过这样的数据分析制定产品的价格，生产相应的产品，对游客相应的消费习惯进行信息推送。尽管丰富了个人的选择范围，但同时也带来了产品质量的参差不齐。

3．数字化停留在表面，没有深入开展

尽管新概念层出不穷，数字化旅游项目大多仍是单调的表现方式，且在实际运行中未能产生令人满意的成效。在智慧景区建设中，一些智慧景区仍然采用传统的"扫码听讲"模式，并没有充分发挥智慧化的潜力，同时也缺乏真正的盈利能力。文旅数字化并没有真正利用数据带来深刻变革，也没有促进旅游产业的转型升级；相反，它与实体经济相脱离。泛数字化的结果是游客体验感较差，这是文旅融合发展需要解决的重要问题。

4．数字文旅平台两极分化严重

据相关在线旅游平台统计，从在线酒店预订订单的角度来分析，2020

年下半年，美团占到了51.7%，然后是携程占比25.5%，其他的如同程艺龙、去哪儿网、飞猪等共占比23.1%。在线旅游平台对旅游产品进行捆绑式销售，进行隐形式垄断。大打价格促销战也是文旅平台的恶性竞争。

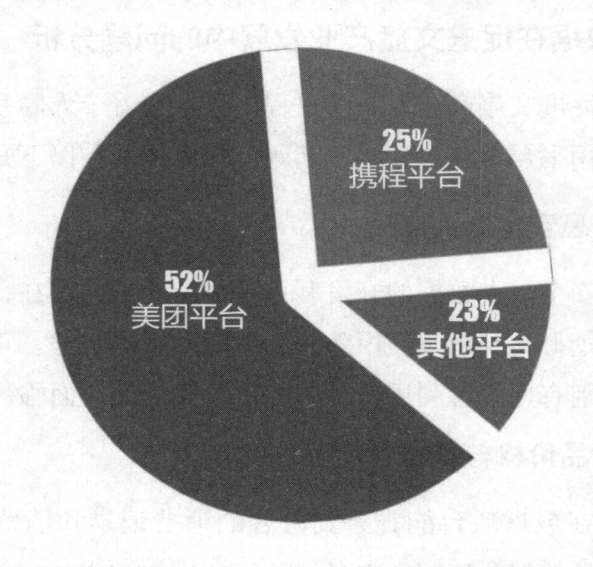

图 2-8　2020年下半年在线旅游平台市场份额数据统计

三、大数据推动文旅产业高质量发展的对策及建议

1. 从顶层规划着手，规范数据使用范围和边界

首先，应对大数据进行分类管理，以确保个人信息的安全，可以适时推出关于大数据安全使用的规范，明确企业数据使用的范围和规范，制定相关的监管法案；其次，提高保护技术的研发工作。最终把大数据分为基础使用层面、限制使用层面、严禁使用层面，利用匿名技术服务企业安全使用。

2. 深化数字赋能，促进产业融合升级

我们应该着重在数字化创新和区域均衡发展方面下功夫，以加强数字化赋能的文旅产业升级。通过提升数字经济对文旅产业的支持力度，让文

旅产业得以突破时空的限制而获得更大的发展空间。通过数字技术与文化环境的相融点，将传统文化资源优势转化为文创产业优势，促进文创产业融合升级。

大数据在推动产业融合方面具有四个方面的突出贡献：一是融合新兴技术与数字文旅；二是融合数字技术与实景演出；三是融合数字技术与影视音乐；四是融合数字技术与创意产业。文旅发展只有经过产业融合这条路，才能提高文旅产业质量，这也是不可或缺的选择。利用基于大数据的数字技术，可有效推动不同产业间的交叉融合与协作，以数字化赋能为手段加速推进此过程，使游览体验得到不断提升。

3. 全场景应用，提升公共服务水平

借助搜集和分析大数据，企业能够实现精确预测游客的消费习惯和偏好选择。我们可以通过进一步挖掘大数据来发掘旅游商业的价值，并且根据这些数据定制出个性化的旅行产品。旅游企业应该通过积累和分析游客的数据，积极发掘新型旅游热点和激发游客的兴趣点，大力发展新型餐饮酒店住宿品牌、旅游景区的新业态形式。完善公共服务全场景的覆盖应用，确保开放共融的平台，让用户能在某一个平台消费的同时，得到相应的诉求反馈和便捷的服务。

4. 加强人才培养，增强内生动力

加强数字经济的发展，离不开优秀的人才。激发科技创新的活力，归根结底是人才的使用。我们需要优化人才引进的政策和环境，并加大科技创新奖励力度。同时，我们还要重视自我人才培养方案，通过政产学研用的联合培养，新增相关专业，增设人才就业岗位，提高文旅产业从业人员的技术水平和服务能力。

```
                                    ┌─ "游云南"APP上线
                  ┌─ 大数据在数字    │
                  │  文旅产业中的  ─┼─ VR/AR+AI的创新应
                  │  应用案例       │  用——萧山智慧·城市馆
                  │                 │
                  │                 └─ 推动城市更新文化体验
                  │                    服务：沉浸式特色文化
                  │                    情境体验街区
                  │
                  │                 ┌─ 个人信息安全遇到挑战
                  │                 │
                  │  大数据在促进    ├─ 旅游商品价格与质量参
大数据 ───────────┼─ 文旅产业发展  │   差不齐
与数字            │  中的问题分析  ─┤
文旅              │                 ├─ 数字化停留在表面，没
                  │                 │  有深入开展
                  │                 │
                  │                 └─ 数字文旅平台两极分化
                  │                    严重
                  │
                  │                 ┌─ 从顶层规划着手，规范
                  │                 │  数据使用范围和边界
                  │                 │
                  │  大数据推动文    ├─ 深化数字赋能，促进产
                  └─ 旅产业高质量  ─┤   业融合升级
                     发展的对策和    │
                     建议            ├─ 全场景应用，提升公共
                                    │   服务水平
                                    │
                                    └─ 加强人才培养，增强内
                                       生动力
```

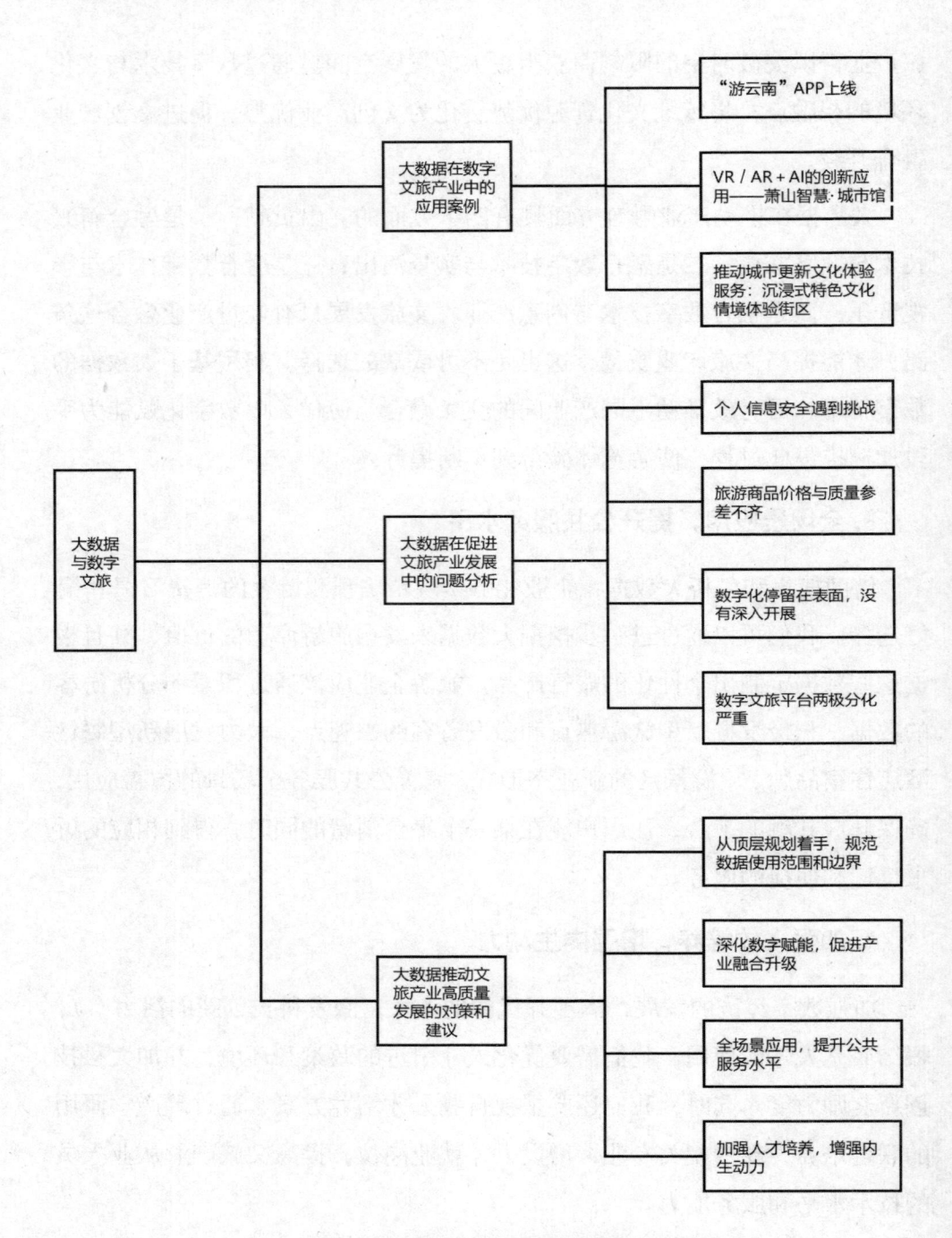

图 2-9　大数据与数字文旅发展对策路线图

第三章　数字文旅的技术支撑

沉浸式为数字文旅产业发展提供了重要的技术支撑。以沉浸式的体验形式，将科技和艺术有机地融合在一起，实现了多学科的交叉，为数字旅游发展提供了强有力的支撑。它的实现方式是，将原本存在于现实世界中的形状、材质、色彩、强度等实体信息，通过三维建模、场景融合、混合运算等数字化技术，对其进行仿真。在这个过程中，数据、造型、颜色、文字等被人为地添加到一个共同的空间。这种增强版的虚拟实境，可以让人在现实中感受到，也可以让人产生一种超越现实的错觉。AR 技术将观众的体验带进了三维感官时代，与平面二维效果相比，它具有更多的立体感和真实感，给观众提供了极强的现场感等。同时，在对特定区域的特色景点进行 AR 数字化改造的时候，可以充分考虑本地景区的特色景点的特色内容和表现，因此，通过 AR 数字化，能够最大限度地提升游客对景区的特色文化的认识，获得一种沉浸式的、高品质的数字文旅体验，为游客提供一种全新的、有价值的、有意义的文旅体验。

本章列举了一些具有代表性的"AR"数字旅游实例，并以此来阐述"AR"技术在我国的应用。激光投射显示是一种广泛使用的显示技术，以三种基色光为光源。该方法的特点是：色彩鲜艳、色域高、有效投影距离大、投影面积大、应用广泛，可以应用于有起伏的建筑物外墙、特殊的水幕等。这是一种超出了人眼所能看到的极限频带，因此也就带来了更震撼的画面表现。目前，激光投影显示技术的应用领域十分广泛，包括舞台美术设计、灯光秀、水幕成像表演、展示展览、模拟仿真、户外幕墙等。

从这个角度来看,"沉浸感"不仅仅是对"人"超凡想象力的一种美化和描述,更是一种改造和更新"数字文旅"的方式。在 AI 时代,文创产业是由技术创新驱动的,其核心是文化创意,而人类对于更高层次、更高层次的精神需求,尤其是文化生活中的"边缘化"需求,将会成为技术创新和产业升级的强大推动力。如在故宫,可以利用地理信息系统,快速地找到附近的古建筑、展厅、饭店、商店、卫生间、入口和出口等。全方位、精品化、花园化、历史化、个性化,通过 5 分钟一次的"舒适"功能,该系统能够实时地展示故宫内部的人群流动情况,既能给游人提供指引,又能对人群进行有效的疏导,避免发生交通拥堵。对于那些进不去的大殿,和那些容易被人忽略的建筑,也可以通过 AR 技术进行实时引导,将里面的景象尽收眼底,包括瑞兽的 3D 模型、飞檐等细节,都尽收眼底。以"祥瑞"为主题,以"吉瑞"为特色,以互动为特色,让旅游成为一种社会性活动。

以一种信息化的业务方式进行推广和宣传,在文化传承和对外宣传方面起到了很大的作用。物联网技术作为旅游运输业的一项重要内容,是指数字旅游行业在整个运营过程中所提供的运输路线、工具、设施和服务的总和。在数字旅游和运输的多合一卡系统的应用中,各种先进的自动抑制技术、物联网技术、信息处理技术、通信技术等都可以有效地影响发卡、消费付款等环节。数字旅游交通卡可以有效地连接当前城域内的城市交通和旅游平台系统,并利用物联网技术,将其与景区票务、酒店、餐饮等数字旅游相关系统相结合,可以在数字旅游的各个方面,实现快速支付业务等支付环节。利用物联网技术,对旅游活动中所涉及的各种出行数据进行收集和存储,为提升"数字文旅"的旅游服务水平提供可靠有效的数据支持,促进"数字文旅"的发展。通过科学有效地对各类数据进行挖掘、分析、推送、管理,把这些数据整合成一套知识化的内容体系,使传统文化走进人们的生活，用数字化、智能化的手段，为社会及社会的发展提供必需的文化资讯，使资源和知识有效整合，使中华传统文化得到最大限度的分享，以最低的代价，实现"人人有之，人人享之"的目标。

通过各种技术等的整合，将会在数字文旅元宇宙中实现一种跨越，将虚拟与现实的三维体验与立体场景相结合，拓展我国的旅游空间，增强游客的临场感。例如，在网站上，有一种很强的沉浸感，这是我们的历史与文化的一种生动表现。传统的旅游景点由于占地面积大、环境复杂、人数众多、设施设备不完善等特点，导致其在日常管理中的难度较大，在安全保障方面也很难做到尽善尽美，在紧急情况下的应变能力也相对较弱。旅游地的经营与服务，是旅游地经营与发展的必然要求。为此，将数字孪生技术引入景区中，线上系统利用数字网络技术实时传感器、摄像头等固定设施，对景区的动向进行集合式管理，合理、适度地分配车位，及时分散客流量，消除踩踏、拥挤、调流等安全隐患。

文化传承和旅游发展是我国现代服务业的重要组成部分，"以文促旅、以旅彰文"是国家弘扬中国传统文化的重中之重。近年来，在数字化战略布局下，我国不断借助技术手段对中国传统优秀文化进行创新，助推文旅数字化融合，实现了"艺术＋科技"的文化产业、旅游协同发展。

在文化旅游行业，AR、VR、人工智能等数字化场景已经在国内各个景区、博物馆等大规模普及和应用，智慧服务、智慧游乐、智慧营销等理念和技术也已深入企业经营和管理的各个环节。数字技术已经成为行业高质量发展的核心驱动力，同时也成为推动文化和旅游行业转型升级的关键要素。

第一节 云计算和数字文旅

一、云计算和数字文旅概况

在云计算下的数字文旅大背景下，在数字文旅、数字旅游交通、数字餐饮住宿以及旅游组织智慧化等方面，都需要以云计算为基础的文旅大数据作为支持。实践表明，加强云计算和数字文旅的应用，可以有效地提高文旅大数据建设的效果，有利于我国文化旅游行业整体的健康持续发展，从而促进乡村振兴。

在云计算的引领下，数字文旅正成为现代旅游业的重要趋势。通过数字化和云计算的应用，旅游行业可以实现更高效、智能化的运作，为游客提供更个性化、便捷的旅行体验，同时也促进了乡村振兴和文化旅游行业的健康发展。

数字文旅在旅游业中的应用领域广泛，其中数字旅游交通是其中一个重要方面。通过云计算技术，旅游交通信息可以得到实时的整合和分析，使得游客可以更准确、高效地规划旅行路线和交通方式。无论是公共交通还是私人交通工具，云计算的支持使得旅游交通变得更加便捷、可靠，并且可以实现实时的交通信息共享，提高旅游交通的智能化水平。

在数字餐饮住宿方面，云计算的应用也为旅游行业带来了巨大的变革。通过数字化点餐系统和云端管理平台，餐饮企业可以更好地进行供应链管理、菜单设计和服务优化。同时，云计算还能够实现住宿信息的集中管理和共享，提供更多样化的住宿选择，并且通过智能化的预订系统和个性化推荐，为游客提供更好的入住体验。

此外，旅游组织智慧化也是数字文旅发展的重要方向。通过云计算和大数据分析，旅游组织可以更好地了解游客需求和行为，优化旅游产品和服务的设计。云计算技术还可以支持旅游组织实现智能化的营销和推广，通过精准定位和个性化推送，吸引更多游客参与旅游活动，促进文化旅游的繁荣和乡村振兴。

云计算在数字文旅中的应用为旅游行业带来了许多机遇和挑战。充分利用云计算技术，可以提高文旅大数据建设效果，推动文化旅游行业的创新和发展。同时，云计算的普及也需要行业各方共同努力，加强技术应用和数据安全保障，为数字文旅的可持续发展奠定坚实基础，助力实现旅游业的繁荣和乡村振兴的目标。

在我国，云计算终端电子设备已经有了一定的技术积累和发展，人们的生活也开始渐渐习惯于使用手机、电脑和平板等移动终端设备。随着社会的发展，在云计算的基础上建立起的旅游大数据平台，应该可以支持多种终端设备并提供旅游服务。要真正构建与现代化发展相适应的智慧文旅架构，就必须要建立一个实用的文旅大数据服务系统。

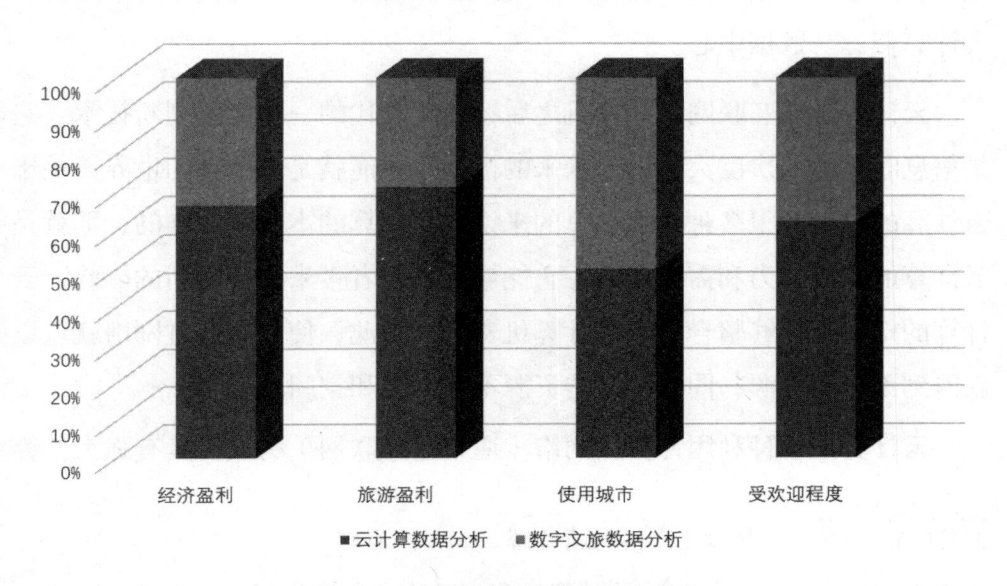

图 3-1　云计算和数字文旅数据分析

1. 云计算的概述

从本质上讲,"云"可以被称为"互联网",而云计算,则是一种互联网技术,它可以为用户提供各种资源,用户可以根据自己的需要,在互联网上获得各种资源,然后根据用户的需要,支付相应的费用,"云"就像是一个开放的自来水系统,用户可以随时随地地喝水,而且不受限制,只需要支付一定的费用,就可以让用户自己掏腰包。

一般而言,"云计算"指的是信息技术、软件、网络等领域的一种服务,它的名字叫"云",云计算将大量的计算资源聚集在一起,然后用软件自动的方式进行管理,在极短的时间内,以极小的人员投入,将这些资源以最快的速度送到用户手中。换言之,作为一种商品的计算能力,可以通过网络进行流通,就像水、电、煤气一样,很容易获得,而且比较便宜。

简而言之,云计算并不是一种新的网络技术,它是一种新的网络应用理念,云计算的核心理念就是围绕着 Internet,为 Web 站点提供快捷、安全的云服务和数据存储。让每一个使用互联网的人都可以使用网络上的庞大计算资源与数据中心。[1]

云计算是继互联网、计算机之后,信息时代的一种新的创新技术,它是信息时代的一次巨大跨越,未来的世界很可能就是云计算的世界,关于云计算的定义有很多种,但是总的来说,云计算的本质是一样的,那就是云计算的扩展能力和需求能力,它能够给使用者带来一种崭新的体验,云计算的核心是能够整合大量的计算机资源。因此,使用户通过网络就可以获取到无限的资源,同时获取的资源不受时间和空间的限制。[2]

云计算是一种利用计算机网络(通常是互联网)构成的具有强大计算

---

[1] 罗晓慧. 浅谈云计算的发展 [J]. 电子世界,2019,(8):104.

[2] 赵斌. 云计算安全风险与安全技术研究 [J]. 电脑知识与技术,2019,15(2):27-28.

能力的体系，它可以存储、整合相关资源，并且可以根据需求进行配置，为用户提供个性化的服务。

云计算可以从多个方面为文旅建设提供支撑，一方面，云计算已成为一个相当庞大的产业集群，其自身所具备的强大的计算能力，可以为旅游景区的游客提供与之相适应的计算服务。云计算的应用可以在最短的时间内，快速地对大量的数据和信息进行处理，为用户提供他们实际所需的多种信息。另一方面，云计算能够有效地突破时间和空间限制，为用户提供与之相适应的终端服务。用户可以通过申请云服务的形式获得服务，而不是仅仅在特定的实体中获得服务。以云技术为基础的数字文旅，可以适用于不同的环境，为用户提供更有针对性、更合适的服务。最大限度地同用户的实际需求相适应。[1]

2. 云计算的发展

而现在，云计算更是被称为互联网时代的一场变革，这场变革将彻底改变人们的工作方式，甚至是商业模式。从其源头上看，云计算的出现与发展与前面提到的并行计算、分布式计算等计算机技术有着千丝万缕的联系。但是，如果要回溯到云计算，则要回溯到由克里斯托弗·斯特拉奇在1956年发布的一篇关于虚拟化的文章中，这一概念被正式引入。目前，云计算的发展离不开虚拟化技术，而虚拟化技术已经成为云计算技术的核心。之后，随着互联网技术的不断进步，云计算也应运而生。1990年代，电脑网络大爆炸，思科等一大批公司诞生，紧接着，互联网进入了一个泡沫时代。2004年召开了"Web2.0大会"，"Web2.0"成了当下最热门的话题，同时也宣告了"网络泡沫"的破裂，电脑网络的发展也随之进入一个全新的时期。在这个阶段，如何让更多的用户更便捷、快速地获得网络

---

[1] 孙瑾瑾，李勇泉.旅游文化创意产业园区智慧管理系统设计：以晋江五店市传统街区为例[J].无锡商业职业技术学院学报.2018，18(3)：55-60.

服务，是互联网发展中迫切需要解决的问题。同时，一些大公司也在努力研发具有大规模计算能力的技术，向用户提供更强大的计算处理服务。在 2006 年 8 月 9 日，Google 首席执行官埃里克·施密特（Eric Schmidt）在搜索引擎大会首次提出了"云计算"（Cloud Computing）的概念。这是云计算发展史上第一次正式地提出这一概念，有着巨大的历史意义。2007 年以来，"云计算"成为计算机领域最令人关注的话题之一，同样也是大型企业、互联网建设着力研究的重要方向。因为云计算的提出，互联网技术和 IT 服务出现了新的模式，引发了一场变革。在微软发布其公共云计算平台（Windows Azure Platform），由此拉开了微软的云计算大幕。同样，云计算在国内也掀起一场风波，许多大型网络公司纷纷加入云计算的阵列。2009 年 1 月，阿里软件在江苏南京建立首个"电子商务云计算中心"。同年 11 月，中国移动云计算平台"大云"计划启动。到现阶段，云计算已经发展到较为成熟的阶段。① 2019 年 8 月 17 日，北京互联网法院发布《互联网技术司法应用白皮书》。发布会上，北京互联网法院互联网技术司法应用中心揭牌成立。2020 年我国云计算市场规模达到 1781 亿元，增速为 33.6%。其中，公有云市场规模达到 990.6 亿元，同比增长 43.7%，私有云市场规模达 791.2 亿元，同比增长 22.6%。②

二、云计算和数字文旅技术要素

1. 云计算数据平台

作为文旅大数据平台的一个重要组成部分，数据预处理子模块是其中一个非常重要的组成部分。从实际情况来看，数据来源具有比较广泛的特点，原始数据很难完全满足分析的实际需要，经常会出现数据错误、重复

---

① 许子明，田杨锋. 云计算的发展历史及其应用 [J]. 信息记录材.2018，19(8):66-67.
② 人工智能与云计算正加速形成应用生态. 经济·科技. 人民网.2022-03-24.

以及缺失等问题。因此，在本模块的设计中，加入了充足的统计分析算子、数据集成算子以及数据清洗算子，能够更加高质量地实现对数据的处理。①在进行数据清洗时，不包含多种形式的操作，包括忽略字段、记录排序、字符替换、数据分析以及数值运算等相关或辅助的运行模式，数据集成合并多元多表数据，具体涉及数据追加和多表关联等技术环节，在统计分析方面，其具体是指初步统计数据特征，有助于工作人员从宏观上准确地发现相应的数据问题，从而可以合理地确定参数取值范围。此外，其原子操作还包含着相关系数矩阵、正态检验、方差以及均值等内容。②

2. 云计算虚拟技术

云计算技术的核心是它的虚拟化，它打破了时空限制，以一种更好的方式来促进文旅的发展，这也是它最大的特色。物理平台与应用部署所处的环境并不存在空间上的连接，而数据备份、迁移和扩展则是由虚拟平台来完成的。通过"云"的虚拟技术，可以突破时空的限制，将全国范围内的旅游数据再一次进行整理与总结。

云计算技术的核心是其虚拟化能力，它以独特的方式推动着数字文旅的发展，并为行业带来了巨大的变革。通过虚拟化，云计算打破了时空的限制，为文旅行业带来了更多的灵活性和创新性，同时也促进了旅游数据的整合与优化。

在云计算的架构下，物理平台和应用部署的环境之间并不存在实际的空间连接。这意味着旅游相关的数据备份、迁移和扩展等操作都可以通过虚拟平台来完成，无须受限于地理位置或物理设施的限制。这为文旅行业

---

① 陈永海. 大数据环境下的文旅多维数据分析系统设计与开发[J]. 电.2021(4):62-64.
② 苏晨. 大数据下计算机信息处理方式分析探讨[J]. 南方农机.2020, 51(22):195-196.

提供了更多的弹性和可扩展性，使得数据管理和处理变得更加高效和便捷。

通过云计算的虚拟技术，旅游行业可以再次整合和总结全国范围内的旅游数据。以往，由于地域和网络的限制，各地的旅游数据往往分散在各个独立的数据库中，难以实现全面的数据分析和资源整合。而现在，云计算通过虚拟化的手段，将这些分散的数据集中起来，使得旅游行业可以更好地利用大数据分析和挖掘技术，深入理解游客的需求和行为，为旅游产品和服务的优化提供有力支持。

云计算技术还为数字文旅提供了更广阔的合作和创新空间。通过云平台上的资源共享和协同工作，旅游从业者可以更方便地进行合作，开展联合营销和资源整合。旅游企业可以基于云计算平台构建自己的应用系统，灵活地部署和扩展业务；同时还可以与其他企业进行数据交换和共享，实现更高效的协同工作和服务创新。

此外，云计算的虚拟化还为文旅行业带来了更强的安全性和可靠性。云平台提供了多层次的数据备份和灾备机制，保障了旅游数据的安全和可持续性。即使在面临自然灾害或硬件故障等突发情况下，云计算的虚拟化特性可以迅速恢复和迁移数据，降低了旅游行业面临的风险。

云计算技术通过虚拟化的手段打破了时空的限制，为数字文旅带来了巨大的发展机遇。它促进了旅游数据的整合与优化，提升了旅游行业的灵活性和创新性。同时，云计算还为旅游从业者提供了更广阔的合作和创新空间，提高了数据的安全性和可靠性。随着云计算技术的不断进步和应用，数字文旅必将迎来更加繁荣和可持续的发展，为我国文化旅游行业健康发展和乡村振兴注入新的活力。

云计算的虚拟化技术可以实现对硬件的物理划分，从而实现对系统的有效管理。在此基础上，通过虚拟化技术实现对各单元的合并、扩展和重构，从而实现硬件平台的简化、系统性能的提升和成本的降低。基于云计算的 IaaS、PaaS、SaaS 三种模式下的虚拟化架构，能够极大地提高旅游数据中心的开发效率，降低旅游数据中心的运行成本。

云计算的核心技术是虚拟化，能够高效地将资源与业务进行融合。从一定程度上讲，它更利于对数字文旅的数据进行分析，而在数字文旅的文化信息化建设中，云技术起到了很大的推动作用。将一台电脑虚拟成多台逻辑电脑，每一台电脑都有自己的操作系统，虚拟化后的核心 VMM，就是一个"元"的操作系统。它具备了强大的计算、存储和联网能力，可以为用户提供更多的、更安全的、更稳定的服务。其具体可以划分为软件虚拟化、硬件虚拟化、全虚拟化、半虚拟化。

通过云计算虚拟技术，实现了数字文旅的全方位发展。比如，数字文旅的数字消费，实现了信息、支付、供应链、信用、需求、供给等多层次的数字化；通过云计算，实现了消费者需求与文旅产能的空间、时间、空间的有机结合，实现了从消费互联网向产业互联网的转变，实现了与智能制造的连接，减少了企业的库存与管理成本。它的赋能作用在于更高的数字文旅属性，更能为"绿色""智能"等新的消费领域，带来新的消费机会，带来新的消费潜力。

云计算虚拟技术的主要内容有：智能管理、云智能管理、智能营销，通过前三个方面来提高对数字旅游资源统计、研究、分析、利用和开发的效率。云计算、虚拟技术已被广泛运用于旅游、文化、旅游等多个领域，并在数字旅游等领域取得了明显成效，极大地提高了文化旅游的信息化程度，为游客带来了更好的服务体验。

云计算虚拟技术在智能管理、云智能管理和智能营销方面的应用，为数字旅游资源的高效利用提供了强有力的支持。随着技术的不断进步和应用的不断拓展，未来对云计算和虚拟技术在中国文旅领域的展望是令人充满期盼的。

首先，智能管理将进一步发展和完善。随着云计算和人工智能等技术的结合，智能管理将更加智能化、自动化。通过大数据分析和智能算法，旅游从业者可以更好地了解游客的偏好和需求，提供个性化的旅游服务。例如，智能推荐系统可以根据游客的兴趣和历史行为推荐合适的旅游目的地、景点和活动，从而提升游客的满意度和旅行体验。

其次，云智能管理将为文旅行业带来更大的效益。通过云计算的支持，文旅资源可以进行更加高效的地管理和利用。例如，文化遗产的数字化管理和展示可以通过云平台实现，使得更多的人可以远程参观和学习。同时，云智能管理还可以促进不同文旅资源之间的融合与协同。通过数据共享和交互，文化机构、旅游企业和相关服务提供商可以形成良好的合作关系，共同开发创新的数字文旅产品，推动整个行业的发展。

最后，智能营销将成为文旅行业的重要推动力。云计算和虚拟技术为旅游从业者提供了更多元化和精准化的营销手段。通过数据分析和个性化推送，可以实现针对性地营销策略，提高市场竞争力。例如，通过云平台和社交媒体的结合，旅游企业可以实施精准的营销活动，将目标客群吸引到自己的产品和服务上。同时，智能营销还可以加强旅游目的地的品牌推广，提升其知名度和美誉度，吸引更多游客前往。

综上所述，云计算和虚拟技术对于中国文旅行业具有巨大的益处。它们提供了智能化的管理、高效的资源利用和精准的营销手段，推动了文化旅游的信息化程度和服务水平的提升。在未来，我们期盼云计算和虚拟技术能够不断创新和发展，为中国文旅行业带来更多的机遇和挑战。同时，我们也期待行业各方能够加强合作，共同推动云计算和虚拟技术的应用，促进文旅行业的健康发展，为广大游客提供更优质、个性化的旅行体验，实现中国文旅事业的繁荣和乡村振兴的目标。

第二节 沉浸式体验与数字文旅

"沉浸式"是近几年比较流行的一个词语，它涵盖了文化、娱乐、科技、游戏等各个方面。中国的主要城市，尤其是成都、上海、杭州等，不但出现了以"沉浸式"为名举办的各种艺术展览、演出等文化艺术活动，还出现了餐饮、商场、健身中心、酒店、楼盘等商业项目，也出现了"沉浸式"的包装。2023年4月，由中关村中恒文化科技创新服务联盟和沉浸式文旅新型业态培育平台编写的2021—2022年度《沉浸式文旅新业态年度发展报告》在中国文化旅游博览会——首届"沉浸式文旅产业发展论坛"上重磅发布，对国内外沉浸式产业发展现状进行了全面分析。

"沉浸式"体验是一种让参与者全身心投入其中、感受身临其境的体验方式，已在国外旅游、展览和教育等领域得到广泛运用。以下是沉浸式体验在这些领域中的优势：

旅游领域：沉浸式体验为游客提供了更加深入和丰富的旅行体验。通过虚拟现实（VR）和增强现实（AR）等技术，游客可以在虚拟环境中探索目的地的文化、历史和自然景观，无须实际前往。这使得旅游变得更加便捷、安全，并且可以满足游客对于独特体验的需求，提升他们的参与感和满意度。

展览领域：沉浸式体验为展览带来了更高的吸引力和参与度。传统的展览方式可能只是简单地观看展品，而沉浸式体验通过技术手段使观众能够更深入地了解展览主题。例如，通过 VR 技术，参观者可以身临其境地参观艺术展览或历史场景，与展品进行互动，加深对艺术和历史的理解和体验，激发观众的兴趣和情感共鸣。

教育领域：沉浸式体验为教育带来了更生动、互动性强和个性化的学习方式。学生可以通过虚拟现实或增强现实技术参与到虚拟的教育场景中，如探索外太空、参观历史古迹或进行科学实验。这种身临其境的学习方式激发了学生的主动参与和好奇心，提高了学习的效果和记忆的时间。此外，沉浸式体验还可以满足不同学生的个性化学习需求，提供定制化的学习内容和反馈。

娱乐领域: 沉浸式体验为娱乐产业带来了更加刺激和丰富的娱乐形式。通过虚拟现实、全景影片和游戏等技术，参与者可以沉浸在虚拟的娱乐世界中，与角色互动或进行刺激的游戏体验。这种身临其境的娱乐方式激发了参与者的情感和情绪，带来更加真实和令人兴奋的娱乐体验。

沉浸式体验在旅游、展览、教育和娱乐等领域的优势在于其能够创造身临其境的体验，提供更深入、互动和个性化的参与方式。它不仅丰富了参与者的感官体验，还激发了他们的情感和思考，提高了参与度和满意度。随着虚拟现实技术的不断进步和应用的扩大，我们可以期待沉浸式体验未来在更多领域的发展和创新。

虚拟现实技术的特点是沉浸式传播，提及沉浸式，首先，创作者用一件艺术品，为观者创造了另外一个感知的世界，这个世界可以有不同于现实的历史、法则，甚至是不同的物种、不同的时间。从现实世界走进虚拟空间，去观察、认识、感知沉浸，这就要求有一定的输入和输出媒介，比如，移动设备软件的输入媒介是屏幕，而输出媒介也是屏幕。以前的电脑游戏，都是以键盘、鼠标、手柄等作为输入，如今 VR 眼镜等更高端的电子产品，则是以屏幕、镜子等作为输入。媒体是真实存在的，我们可以把它看作一个由真实到虚拟的桥梁，体验者在低沉浸感下，会有更高的媒体意识；而随着受众者逐渐获得更深一层的感知沉浸式体验，对设备的影响会变得相对较弱，直到最后，他们可以无视其设备等媒介的存在，受众者就会进入理论上最强的沉浸感知状态。

受众在观看虚拟现实展示的影片时，在意识上早已知道故事内容并非真实的，但受众仍然频频出现互动躲闪、惊呼等现象。虚拟现实技术则将真实空间的呈现压缩至零，体验者的视觉内容不再接收真实的生活场景信息。媒介的更新从技术的角度提升了沉浸感，这种被强化的沉浸体现在感官层面，即基本的视觉感受、听觉感受等。这种形式的感知应用在数字文旅中的数字艺术展馆、博物馆等传统文化形式上，提升了数字文旅对授予群体新鲜度。对于内容上完全相同的文化传统内容，受众可以选择二维或三维等效果进行重塑，这代表在技术层面上，实现的沉浸感不同。

一、融合增强现实技术的数字文旅

1. 增强现实技术概述

增强现实技术（AR，augmented reality）使用户可以在现实环境中感知和操作虚拟对象。AR 技术通过计算机图形学、传感器技术和人机交互技术等领域的结合，将数字信息以图像、音频或其他感官形式叠加到用户的真实感知中。

AR 技术的基本原理是通过摄像头或其他传感器捕捉现实世界场景，并将虚拟对象以适当的方式叠加在场景中，使其与真实环境融为一体。这种叠加可以是在显示器、头戴式显示器、眼镜、手机或平板电脑等设备上进行。AR 技术通常使用计算机视觉技术来分析和理解现实场景，以便正确地定位和跟踪虚拟对象。

AR 技术的应用领域非常广泛。在娱乐领域，AR 可以为游戏、电影和主题公园等提供互动和沉浸式体验。在教育领域，AR 可以为学生提供与虚拟对象的互动学习体验，增强教学效果。在医疗保健领域，AR 可以用于医学模拟、手术辅助和病人教育等方面。在工业和制造领域，AR 可以帮助工人进行维修、装配和训练等任务。在旅游和商务领域，AR 可以提供导航、增强的现实导览和虚拟购物等功能。

2. 增强现实技术演示

文旅 AR 数字化，这就是如今的文旅。将增强现实技术运用到传统文化旅游的行为过程中，充分发挥增强现实技术将真实和虚拟世界连接起来的独特优势，对传统文化旅游中所涉及的一些传统形式的内容或者所有的行为过程展开数字化重建，并将这些具象化的行为（鉴赏、聆听、查询）等，以数字虚拟的形式（视效图像、动态文本、多维度动画）与真实的三维空间旅游景点相衔接。利用 AR 技术发展的数字文旅，不同于传统文旅，将 AR 数字化后的数字文旅体验，可以更好地满足现代观众对数字生活的需求，给传统文旅项目带来更多感官体验。

如龙门石窟的 AR 演示，形成不同于白天的自然景观。借助 AR 技术，让国内外的参观者们，可以在视觉上感受到中国古老文化遗产的独特魅力，以及它所蕴含的璀璨文化精华，并在此基础上，对传统文化进行传承和创新。北京故宫博物馆的数字化使用，采用增强现实技术"打开"鲜为人知的地下故宫。在广西数字化博物馆建设中，对馆藏的数字化阅读进行了全面的研究，将 AR 技术应用到了项目中，并将其引入一个与区域地方文化特色相融合的数字文旅项目中，让数字文旅体验得到了充分的发挥，利用多终端来构建一个数字阅读新场景，让博物馆的虚拟视听空间得到了极大的提升。

二、嵌入混合现实技术的数字文旅

1. 混合现实技术概述

混合现实技术（MR，mix reality），是虚拟现实技术的进一步扩展，它是一种将具有高度沉浸感的 VR 虚拟场景画面与受众视频画面相结合而输出的一种前卫技术。混合现实是一种将虚拟与真实相结合的新型视觉感知环境。MR 技术为现实世界、虚拟世界和受试者建立了一条信息交流的通道，使人既是"鉴赏者"，又是"被可控者"。而 VR 则是纯粹的虚拟数码屏幕，让使用者在使用时更有真实感。AR 技术，就是将虚拟的数码图像与肉眼结合起来，将虚拟投影到现实，让人在不同的空间中穿梭。MR 是数字化现实加上虚拟数字屏幕，在将虚拟对象投影到现实世界的信息终端系统中，让体验者与虚拟对象进行紧密的互动。

2. 混合现实技术展示

当前，国内外主要的混合现实技术实现包括虚拟场景生成器、头戴式设备、体现用户在使用过程中视线追踪观察的头部姿态追踪装置、用户位置确认装置，并将虚拟设计的场景与真实场景环境相对应的交互式装置。

混合现实（Mixed Reality，MR）技术在国外已经在旅游和文化领域取得了许多令人瞩目的实现。以下是一些突出的方面和优势：

虚拟导游体验：混合现实技术可以为游客提供虚拟导游体验，使他们能够以全新的方式探索旅游目的地。通过穿戴式设备或智能手机，游客可以通过叠加虚拟图层到真实环境中，获取关于景点、历史和文化背景的信息。这种沉浸式的导游体验使游客能够更深入地了解目的地，增加参与感和学习效果。

文化遗产保护与展示：混合现实技术为文化遗产保护和展示提供了全新的方式。通过将虚拟对象和场景与真实环境相结合，混合现实可以重现古代建筑、文物和文化景观。这种技术使得文化遗产能够以更生动和互动的方式展示给观众，保护和传承历史文化遗产。

个性化的旅游体验：混合现实技术可以根据游客的兴趣和需求提供个性化的旅游体验。通过智能算法和定位技术，混合现实应用可以根据游客的偏好和位置提供相关的信息和推荐，如推荐特定景点、美食或活动。这种个性化的旅游体验使得游客能够更好地制订自己的旅行计划，提高满意度和参与度。

教育与互动体验：混合现实技术在旅游文化方面的突出优势之一是其教育和互动体验的潜力。通过混合现实应用，游客可以参与到历史重现、文化解说和互动游戏等活动中。这种互动体验激发了学习兴趣和参与度，使游客能够更深入地了解目的地的历史和文化，以及与其他游客进行互动和交流。

跨文化交流和理解：混合现实技术有助于促进跨文化交流和理解。通过语音翻译和虚拟人物的呈现，游客可以在不同国家和文化之间更轻松地进行沟通和交流。这种技术在降低语言障碍、增进跨文化理解和促进文化交流方面具有重要意义。

混合现实技术在国外旅游文化方面的突出优势在于提供了更加沉浸式、个性化和互动的体验。它不仅丰富了游客的旅行体验，还促进了文化遗产保护与传承，推动了教育和跨文化交流。随着技术的不断进步和创新，我们可以期待混合现实技术在旅游和文化领域的更广泛应用和发展。

第一种是以混合现实技术为基础，构建数字化数据源，如山西古建筑博物馆的数字化保护，以及对数字旅游发展的应用。

第二种是将敦煌的"混合实境"运用于壁画中,使壁画由纯粹的视觉享受转变为全面的感觉。数字技术的应用,给古代文物注入了新的活力,也让观众从一个旁观者的身份,变成了一个重要的参与者,从而提升了数字文旅的发展水平,提高了文化传承的效率。

第三种混合现实技术在泰顺古廊桥数字重建中的应用:利用混合现实技术实现了古廊桥的数字重建与恢复,并对古廊桥进行了数字重建。

三、激光投影显示技术的数字文旅

1. 激光投影技术概述

多路投射技术是由多个投射装置组成的多路大屏幕显示器。在 5G 网络的普及和发展下,多路投射技术也将带来更高的分辨率和更低的时延。高分辨率、超低延迟、更丰富的显示内容,以及超强的视觉效果,给体验者带来极大的感官享受。本技术适用于大型影院、文博馆、各类展览展示、工业设计等场所,是制作静态图像内容,营造场景氛围的理想之选。

激光投影技术在国外在旅游和文化宣传方面有许多成熟的技术支撑案例。以下是一些突出的案例:

建筑投影:激光投影技术被广泛应用于建筑物的投影秀。通过激光投影,建筑物的外墙成为一个巨大的屏幕,展示出各种精彩的动画、图像和故事。这种技术可以为游客提供独特而震撼的观赏体验,同时也成为城市文化宣传的重要手段。例如,悉尼歌剧院的建筑投影秀每年吸引着大量游客。

文化遗产展示:激光投影技术在文化遗产的展示和宣传中发挥着重要作用。通过激光投影,历史建筑、古迹和艺术品可以以全新的方式呈现在观众面前。例如,法国巴黎的卢浮宫曾使用激光投影技术将蒙娜丽莎和其他著名艺术品投影在卢浮宫的外墙上，吸引了大量观众。

视觉表演和艺术秀：激光投影技术为视觉表演和艺术秀提供了无限可能。通过将激光投影与音乐、舞蹈和表演结合，创造出独特的艺术形式。例如，德国柏林的布兰登堡门曾举办过激光投影音乐秀，将建筑物变为一个奇幻的舞台，展示了精彩的视觉效果和音乐表演。

旅游景点宣传：激光投影技术在旅游景点的宣传中被广泛使用。通过在旅游景点的建筑物或地标上进行激光投影，可以吸引更多游客的关注和兴趣。例如，美国纽约的自由女神像每晚都会进行激光投影秀，将自由的象征呈现给游客，成了一个令人难忘的旅游体验。

激光投影技术在国外在旅游和文化宣传方面有许多成功的应用案例。通过创造出令人惊艳的视觉效果，激光投影技术给观众带来独特的体验，提升了旅游景点和文化遗产的吸引力和影响力。随着技术的不断创新和进步，我们可以期待激光投影技术在旅游和文化领域的更广泛应用和发展。

2. 激光投影技术显示

第一个案例就是《夜上黄鹤楼》，它在武汉的标志性建筑——黄鹤楼上，采用激光投影技术，打造出一场身临其境的大型光影表演。《夜上黄鹤楼》以黄鹤楼为光影载体，以独特的中国传统历史文化为主题，通过"光影＋表演"的双重叠加，营造出一种沉浸式的剧情场面，并综合运用激光投影、激光互动、前景幕布、人物影像互动、3D动画灯光、高压水雾等多种光影创意手段，将光影技术与艺术有效结合，打造出"夜武汉"的新地标。

第二个案例是《心灵的畅想：梵高艺术沉浸式体验》在中国国家博物馆进行沉浸式展示，在这里，观众可以欣赏到200多幅后印象主义时期凡高的绘画，并通过360°全息、超高清激光投影仪等技术，从不同的角度、不同的视角、不同的感官、不同的沉浸感、不同的观众席、不同的观众席再现凡高的绘画。

四、附加人工智能技术的数字文旅

1. 人工智能技术概述

人工智能（AI, Artificial Intelligence）。这种技术是研究、开发用于模拟、延伸和扩展人的智能的理论、方法、技术及应用系统的一门新的新兴技术科学。

人工智能属于计算机科学中的一个分支，它试图理解智能的本质，并制造出一种可以与人类智能类似的方式来做出反应的新的智能机器，人工智能技术在这个领域的研究主要包括机器人、语言识别、图像识别、自然语言处理和专家系统等。自从人工智能技术被发明出来之后，它的理论和技术已经日趋成熟，它在数字旅游方面的应用也越来越广泛，将来，由人工智能所产生的高科技旅游产品，将为人类的智慧创造出更多的新的智慧。人工智能能够模拟人的意识、思维的信息处理过程。所谓的人工智能，并不是说拥有人类的智慧，而是拥有和人类一样的思维能力，甚至有可能超越人类的思维能力。人工智能技术是个很有挑战性的课题，做它的人不仅要懂电脑，还要懂心理学，还得懂哲学。人工智能技术包含非常广泛的科学内容，它由多个领域组成，比如机器学习、计算机视觉视效等。总体来说，人工智能研究的一个主要目标是使机器可以胜任一些通常需要人类智慧才能完成的复杂工作。

2. 人工智能技术交互

首先引入人工智能技术的是故宫博物院的"智慧开放"工程，在对参观者进行现场调查和行为分析的基础上，实现了参观者从"被吸引"到"被征服"再到"被重视"再到"被记住"的全过程。游客们在抵达故宫之前，可以在网上搜索并购买入场券，了解故宫的建筑和历史，以激发他们的旅游灵感，并将感兴趣的建筑保存在地图的收藏夹中，以方便他们在不同的地点寻找，并制定出不同的行程。

智能导航员可以提供12万条关于故宫的知识，以及观众提出的问题，并以文字和语音的方式与观众互动，除了给观众讲解建筑和参观外，还可以提供故宫的百科全书、语音聊天等服务。以"传给故宫""故宫书店"等为代表的"走进故宫"，走出一条更加顺畅的旅游、购物路线，通过线上、线下相结合的方式，减少了游客的参观负担，增加了游客的消费选择。当游客们回家的时候，"数字故宫" APP还会继续为他们提供各种不同的欣赏文物的方式，让他们更好地认识故宫，更好地走进故宫。

第三节　物联网与数字文旅

物联网技术是继计算机技术和互联网发展之后的信息技术的最新发展趋势，是信息工业革命的第三次变革，对多种数字文旅产品的开发模式产生了影响。随着国家经济的发展及人民生活水平的不断提升，这种物联网技术，将成为中国经济发展的一个新的增长点。数字旅游的发展正在从传统的商务模式向以电脑化为支持的智能化的电脑化模式转变，急需采用先进的技术对模式进行转化。

随着物联网技术的不断发展和普及，中国经济迎来了一个全新的增长点。在这个信息工业革命的时代，物联网技术对多种数字文旅产品的开发模式产生了深远的影响。传统的商务模式正在向电脑化支持的智能化模式转变，数字旅游行业也不例外。

新技术革命加速推进，为旅游业发展带来根本性变革和革命性影响。物联网技术为数字旅游行业带来了许多新的机遇和挑战。首先，物联网技术的应用使得旅游产品更加智能化和个性化。通过将各类设备、传感器和终端设备与互联网连接，可以实现旅游行程的智能规划、个性化推荐和实时定制。游客可以根据自己的兴趣、偏好和需求，定制专属的旅游体验，从而提高旅游的满意度和参与度。

其次，物联网技术的应用使得旅游目的地的管理和运营更加高效和智能化。通过物联网技术，可以对旅游景点、交通运输、酒店住宿等各个环节进行数据采集、分析和管理，从而实现对旅游资源的合理利用和优化配置。同时，物联网技术还可以提供实时的数据监测和预警功能，帮助管理者及时发现和解决问题，提升旅游目的地的运营效率和服务质量。

最后，物联网技术还为旅游业提供了全新的营销和推广方式。通过物联网技术，旅游目的地可以实现与游客的多渠道、多层次互动，通过移动应用、社交媒体等平台向游客提供个性化的推荐和服务，吸引更多的游客到访。同时，物联网技术还可以实现旅游产品的虚拟展示和全球推广，打破地域和时间的限制，让更多的人了解和体验旅游目的地。

然而，数字旅游行业的转型也面临一些挑战和难题。首先是技术和安全风险。物联网技术的应用需要大量的设备、传感器和网络支持，这就增加了技术投入和管理成本。同时，物联网技术的数据采集和传输也存在安全隐患，需要加强对数据隐私和信息安全的保护。其次是人才和管理能力的不足。数字旅游行业需要专业的技术人才和管理人才，能够熟练运用物联网技术，进行系统的规划和运营管理。

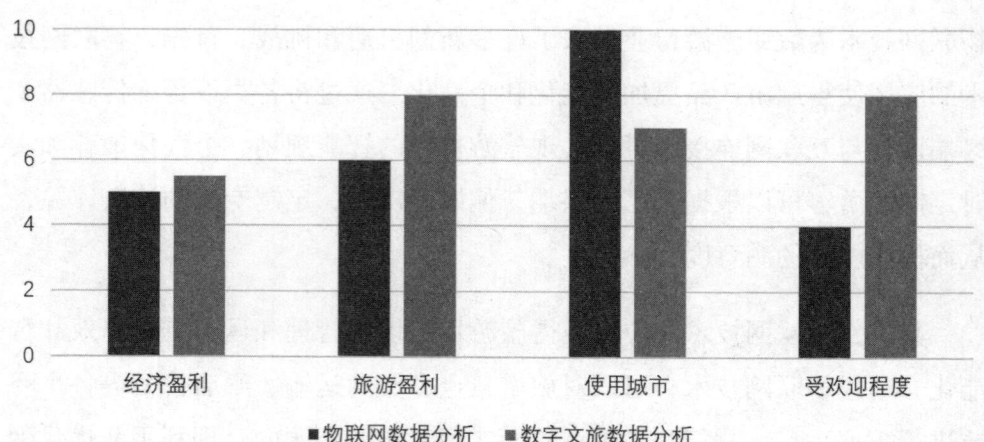

图 3-2 物联网与数字文旅的数据分析表

为了推动数字旅游行业的发展，政府、企业和学术界需要共同努力。首先，政府可以加大对物联网技术的支持和投入，提供政策和资金的支持，推动物联网技术在数字旅游行业的广泛应用。其次，企业可以加强技术研发和创新，培养专业人才，推动数字旅游产品的智能化和个性化发展。同时，企业还应注重数据隐私和信息安全的保护，增强用户信任和满意度。最后，学术界可以加强与实践的合作，深入研究物联网技术在数字旅游行业的应用和影响，为行业的发展提供理论和实践的支持。

综上所述，物联网技术对数字旅游行业的影响不可忽视。随着物联网技术的不断成熟和普及，数字旅游行业将迎来更多的机遇和挑战。政府、企业和学术界应共同合作，推动数字旅游行业向智能化和个性化方向转型，促进旅游业的可持续发展，为人们提供更好的旅游体验。

一、物联网技术在数字交通中的应用

1. 数字交通概述

物联网技术是提升旅游交通效率的一条有效途径，它利用物联网技术所具有的感知、信息、通信、约束等高技术手段，对旅游交通进行优化，从而实现旅游交通中交通工具与旅游交通工具的实时监测。

2. 物联网技术应用

将物联网技术应用于旅游交通卡、一卡通的管理。旅游交通卡是一种基于 RFID 技术的无接触 IC 卡，通过物联网技术，可以在出行途中进行交通收费。

二、物联网技术在数字乡村中的应用

1. 数字乡村概述

在信息化飞速发展的今天，物联网是信息化时代的一个重要载体，它对我国农村的发展起到了一定的促进作用。特别是在乡村振兴的大背景下，物联网技术的作用是当前各个领域非常关注的话题。将物联网与乡村"数字文旅"相结合，可以实现农村居民生活品质的全方位提高。在研究物联网技术及智慧乡村建设的基础上，物联网技术促进了智慧乡村建设。

2. 物联网技术融合

物联网技术是构建智慧数字旅游乡村的技术基础，它所依赖的核心信息技术包括互联网、物联网、传感系统、移动通信技术。这些研究成果相互关联，相互融合，形成了一个面向乡村智慧旅游的应用系统。数字旅游对于信息的需求和覆盖面都很广。数据库的建立是图书馆信息资源共享的重要保证。

基于文旅的"数字乡村"实践案例：杭州市余杭区鸬鸟镇，是杭州市唯一的一个没有工业的生态乡镇，以农业和旅游业为支柱产业。该镇从 2019 年开始从智慧旅游到"数字乡村"的升级探索，并将这项数字化建设工程定位为杭州"城市大脑"在乡镇地区的延伸，该项目名为"数智鸬鸟",其包括三大数字模块:数智乡村、数智治理、数智旅游。在此基础上,实现了乡村数字旅游与整体管理的有效融合,从而助推鸬鸟镇实现数字化转型。在数字旅游模块中,集中采集、存储、处理和应用了所有鸬鸟镇域内旅游景点、民宿、公共服务、农产品销售等全域旅游数据。同时,该系统还将为"鸬鸟旅游"的运营和管理提供可靠的技术支持,包括景区的实时监控、旅游产品分析、旅游经济指标等。通过与公安、交通、工商、卫生、市场等相关部门进行信息共享、协同联动,实现对"镇域旅游"全流程的数字化数据信息的全面、准确的把握。

第四节　信息传播与数字文旅

为数字文化旅游事业注入新的活力,数字交流服务是一个重要的环节。数字信息传播指的是利用网络,为现实的和潜在的旅游观众提供更加丰富、形式更加多样的服务,创建一种新型的与大众对话的信息方式。数字信息的传播将会突破传统的信息传播方式,从传统的文化向受众传递,从单一的通道形式转变为全面的通道。

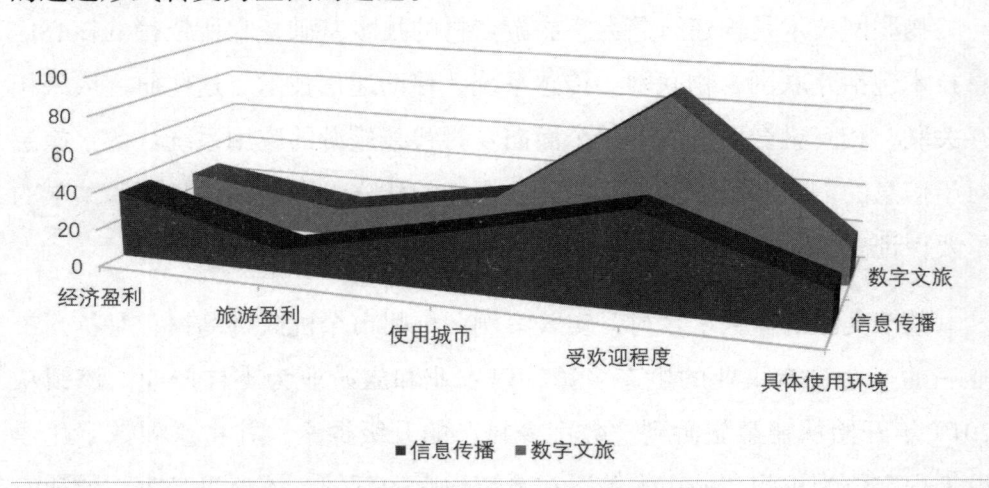

图 3-3　信息传播与数字文旅数据分析

一、数字文旅全球信息传播的智能指标

在全球信息化大爆炸的背景下，各种新的交流技术正将中国文化带入智慧交流的时代。以智慧为动力，对中国传统文化的内容进行了一次全新的变革，并使其在信息生产与交流中发生了巨大变化。资讯内容的创造与宣传，是建立文旅智慧传播的两大维度，也是建立"智慧传播"的重要指标。

随着智能技术的不断发展和普及，中国文化的创造与宣传进入了一个全新的时代。智能化的工具和平台为文化内容的创作提供了更广阔的空间和更多样的形式。通过人工智能、大数据分析和深度学习等技术手段，文化创作者能够更准确地洞察受众的需求和兴趣，从而创作出更贴近人们生活、更具有吸引力的内容。

同时，智慧传播也为文化内容的宣传带来了革命性的变化。传统的媒体形式逐渐演变为数字化、网络化的媒体平台，使得文化内容可以更广泛地传播和传达。社交媒体、在线视频平台、数字出版物等工具成为文化传媒的重要渠道，让文化内容可以跨越时空的限制，触达更多的受众。

这种智慧传播的变革不仅仅改变了文化创作者和传媒机构的角色，也深刻影响着信息的生产和交流方式。过去，信息的传递主要依靠传统媒体的编辑筛选和传递，存在一定的局限性和主观性。而现在，通过智能化的技术工具，人们可以更自由地获取、发布和分享信息。无论是通过搜索引擎获取大量的文化知识，还是通过社交媒体平台分享个人的文化体验，都成了可能。

智慧传播的崛起也带动了文化产业的发展。数字化的文化内容不仅能够满足人们多样化的需求，也给文化产业带来了更多的商机。文化产品的数字化和个性化定制成为新的趋势，文化创作者和企业可以通过智慧传播的平台进行更精准的定位和推广，从而获得更广阔的市场。

然而，智慧传播也带来了一些挑战和问题。信息的泛滥和碎片化使得人们更容易受到虚假信息和低质量内容的影响。隐私和数据安全问题也引发了人们的关注。因此，在智慧传播时代，建立可靠的信息来源和内容评估机制，加强对信息安全和隐私保护的监管，是亟须解决的问题。

总之，全球信息化大爆炸的背景下，智慧传播给中国传统文化带来了全新的变革和发展机遇。通过智能化技术和数字化平台，文化内容的创作与宣传更加多样化和精准化，文化产业也得到了进一步的壮大。然而，这也需要关注信息的质量和安全，加强监管和评估机制的建设，以确保智慧传播能够真正为中国文化的传承和发展服务。

1. 数字文旅内容创作智能化

智能技术已经成为数字旅游内容制作的一种全新的底层支撑，探讨了对传统文化要素进行智能抽取的方法，包括语音智能识别、图片、视频的智能处理，智能自动翻译以消除语言障碍，跨模态智能选择信息及自动审核等。

2. 数字文旅内容分发智能化

该系统可以自主地对旅游信息进行个性化的推送，智能选择适合的渠道，并将信息准确地传达给观众。以传统文化为基础的各种手机短视频，以短小精练的叙述方式，以数字化的方式共享，摒弃了传统的电视叙述方式，以数秒为单位构成一个视觉信息点，在对传统文化主题的选择和表现角度的选择上，成为新的创作亮点。

3. 传统文化在场感知智能化

在移动终端环境中，"在场"的临场效应使数字化用户可以"进入"

数字化的文旅化场景，以虚拟的方式触摸数字化的文化，使观众可以"在场"地感受到数字化文旅的作用。借由现场感智科技，可有效帮助参观者感受到真实的沉浸感。

借助移动终端环境和智能化技术的不断进步，传统文化在场感知的智能化正在逐渐成为现实。数字化用户可以在移动设备上创造和体验逼真的文化场景，使他们更深入地了解和感受数字化文旅的作用。

在移动终端上，用户可以通过技术将数字化的文化元素融入实际场景中，实现虚拟与现实的交互。例如，在参观历史古迹时，用户可以通过手机或平板电脑上的应用，将过去的建筑、人物和事件呈现在眼前，以视觉和听觉的方式重新演绎历史场景。这样的互动体验使观众能够身临其境般感受到历史的厚重感和文化的魅力。

另外，虚拟现实技术也为观众提供了更加沉浸式的体验。用户可以完全沉浸在数字化的文化场景中，仿佛置身于真实的文化景点或传统活动中。无论是欣赏艺术品的细节、参与传统表演的互动还是亲身体验传统工艺的制作过程，用户都可以透过虚拟现实技术与文化互动，深入了解传统文化的内涵和精髓。

现场感智能科技的应用不仅丰富了用户的文化体验，也为传统文化的传承和普及提供了新的途径。通过数字化的方式，文化场景可以被扩展和延伸，不再受到时间和空间的限制。观众可以随时随地通过移动设备与文化进行互动，不仅提升了参观体验的便利性，也使传统文化更具吸引力和影响力。

然而，要实现传统文化在场感知智能化的目标，还需要面对一些挑战。首先是技术的发展和应用成本的问题。虚拟现实和增强现实等技术还在不断演进和成熟中,相关设备的价格较高,限制了其广泛普及。其次是内容创作和设计的挑战。数字化的文化场景需要精心的规划和设计,以保证场景的真实性和吸引力。同时,文化内容的创作也需要与技术相结合,注重创新和表现形式的多样性。

综上所述,传统文化在场感知智能化的发展为用户提供了更加丰富和沉浸的文化体验。通过移动终端技术,观众可以以虚拟的方式感受数字化文旅的作用,深入了解传统文化的内涵和魅力。然而,仍需克服技术和内容创作的挑战,以推动智能化技术在文化领域的广泛应用,让更多人受益于传统文化的魅力与智慧。

二、以数字网络技术为介质的数字文旅

1. 元宇宙技术

元宇宙是数字网络应用不断升级和迭代的一种高层次形式,通过它的技术理念,可以为人类提供一个与真实世界平行的数字生活虚拟空间。元宇宙技术的兴起推动了新技术、新应用和新空间环境的产生。通过与传统互联网的比较,可以有效地总结出元宇宙所具有的低时延、强沉浸感、高度自治、深智能等显著特征,以其特征为驱动力,对中国数字旅游新技术的内涵及未来发展趋势具有重要的指导意义。在元宇宙技术中,引擎是元宇宙应用开发、发布和使用的核心部件。开发者可以在工具引擎的基础上,构建一个可以在元宇宙中进行应用开发和发行的部署模块。通过工具引擎,可以将已经开发好的程序模块进行包装,并将每一个功能模块都以一种无缝的方式呈现给体验者,为元宇宙的用户提供了一种高效、方便的技术服务。当前,典型的元宇宙工具引擎有 Unity 3D、Unreal Engine、Roblox Studio、Omniverse、VS·work 等。

数字文旅元宇宙作为高科技和旅游文化相结合的一种创新性应用，必将对旅游文化和旅游文化产业的发展趋势产生深远的影响。在新的历史条件下，旅游业可能会面临一次新的发展，即重新构建新的体验和新的形态。数字文旅元宇宙的出现，将改变观众的体验形态，强化虚拟社交，激发个人的创作能力。

2. 脑机接口技术

大脑是控制人体各种感官感受的关键枢纽，它能够实现数字网络与大脑之间的信息交互与反馈，这样就可以实现视觉、听觉、触觉、味觉等多维度感官体验的高度仿真，从而大大提高了沉浸式体验感。脑机接口技术是在人或动物的大脑与计算机设备之间建立连接，通过实时获取分析大脑的不同反应，感测人或动物的不同思维状态，从而实现大脑与计算机、互联网之间的信息交互与反馈。利用脑机接口技术，将脑机接口技术应用到数字文旅上，可以为观众提供更佳的多感官体验，从而丰富我国旅游和文化旅游的体验形式。对我国传统文化和地域文化特色（衣、食、住、行）等都可给予支撑。

3. 数字孪生技术

数字孪生 Digital Twin，通常也被称为数字镜像。简而言之，就是真实世界物理资产的虚拟副本，其特征与真实环境物体的外观、物理特征、逻辑和实时状态等一致，可以代替现实世界中的真实物体，进行虚体测试和实体创新，还可以完成在现实世界中无法完成的任务。虽然数字镜像技术是一个虚拟副本，但是它并不是简单的描述复制，也不是与 VR 技术相提并论的，它是将真实物体的内部状态、外部环境还原出来，从而形成内外相结合的形式，可以与物理世界展开实时互动。如果说虚拟现实是建立一个完整的虚拟世界的话，那么数字孪生就是建立一个真正的虚拟世界。

当前，数字孪生技术利用数字网络，被用于数字文旅、工业制造、智慧城市、医学分析、工程建设等领域，在数字文旅行业中，数字孪生技术正逐渐发挥着越来越大的作用。数字化文旅的实质是一种虚拟的体验，它具有综合性的文化价值。

数字孪生技术赋能景区数字化转型，数字孪生技术在赋能文化产业和旅游业方面正逐步引导行业进行数字化变革和创新。数字孪生不仅体现在文旅产品设计、具体服务环节，还将在不远的未来延展到数字文旅项目的管理数据、文旅体验反馈等诸多环节。

在数字孪生技术的支撑下，智慧景区正逐渐发展起来，成为近年来景区建设努力的新方向。它可以有效地解决当前形势下，游客出行与景区管理所面临的问题，有效地促进了景区数字化的转型，实现了景区全智慧化管理，从而解决了传统景区面临的困难，对景区具有降低成本、提质、增效的作用。

第四章　数字文旅的管理与服务

第一节　数字文旅管理的决策分析

随着我国文化旅游数字化试点地区的推进，一些省市开始涉足数据化服务的智慧化应用，比如2022年10月8日，江西省图书馆"以无感借还为核心体验的智慧图书馆建设"、江西省博物馆"'数智江博'综合管理服务体系建设"入选2022年文化和旅游数字化创新实践十佳案例。

同时，与多家主流网络搜索引擎和运营商合作，建立社会数据和数字旅游，政府部门数据合一的大数据资源融合，推动旅游的数字化管理，开展数字化营销，利用大数据实施科学考核和评估。

数字文旅管理在决策模式上发生了一定的变化，主要从以下几个方面着手：

一、数据采集的转变

目前是信息化时代，已经摒弃原始的抽样调查、发送问卷等形式，而是通过大数据信息采集以及相关分析，从数据中发现事物的本质。如对游者的出行计划以及满意度进行测量，直采的方式会使大多数人反感，得不到真正的反馈。而采用数据化分析，就可以全面地收集相关数据。通过平时关注的平台信息，以及相关资料的搜索，做出游者信息化画像，自动识别其需求以及需要反映的问题，预先做出导向，提高游客兴趣度。

二、数字化预测

国内外相关文献提出旅游需求预测。就目前形势来看，旅游业对经济发展有非常重要的作用。因而，从业者更加关注此点。从经济层面来说，可以利用合理的预算进行行之有效的规划、布局、维护。精准的需求预测，可以降低人员配备以及物质过量或不足所造成的经济损失。

笔者认为，对数字文化旅游来说，主要需根据以往旅游情况、整体的数据来分析判断，数字化文旅公共服务平台当中有一项重要的功能——旅游预测功能。此功能需要平台数据、政府大数据等为依托，进行旅游预测和分析的，针对数据进行分析，如对天气情况、饮食情况、消费情况、人流量等分析，可以为数字化文旅提供有效的决策支持与服务。

三、深度挖掘提高对突发事件应急响应

基于大数据的明显特征，大数据的速度影响对突发事件应急响应的能力，可通过空间、地理等数据信息，了解突发事件所发生的地点、周边环境、道路等级、医院分布等情况。根据分析选择施救路线以及相关医疗机构的信息，合理分配信息。要利用大数据的多样性，进行深度挖掘，提高对突发事件的应急响应。

第二节　数字文旅公共服务平台建设

基于数字化的文化旅游公共服务平台的构建，主要包括数字化应用系统、数字化技术平台支撑、数字文化等资源整合、公共基础设施建设等。首先，标准体系是制约信息化平台的标准，信息化仅用于文化旅游及相关数据的信息化采集，具有一定的约束性。其次，技术支持平台实现了公共服务平台的技术体系和支持。它基于云计算，以更好地为大数据提供资源和信息，从而节省成本，更方便地提供服务。随着信息时代的不断发展，技术支持也在不断更新。大数据、云计算、物联网、人工智能等赋能数字

化，推动数字文化和旅游信息化进程。最后，数据的主要来源有三：一是政府数据；二是旅行数据；三是目的地数据。目前，这些数据来自信息系统。最后需要可持续发展的运营机制，确保数字文旅采纳的数据可以合理地循环运用。

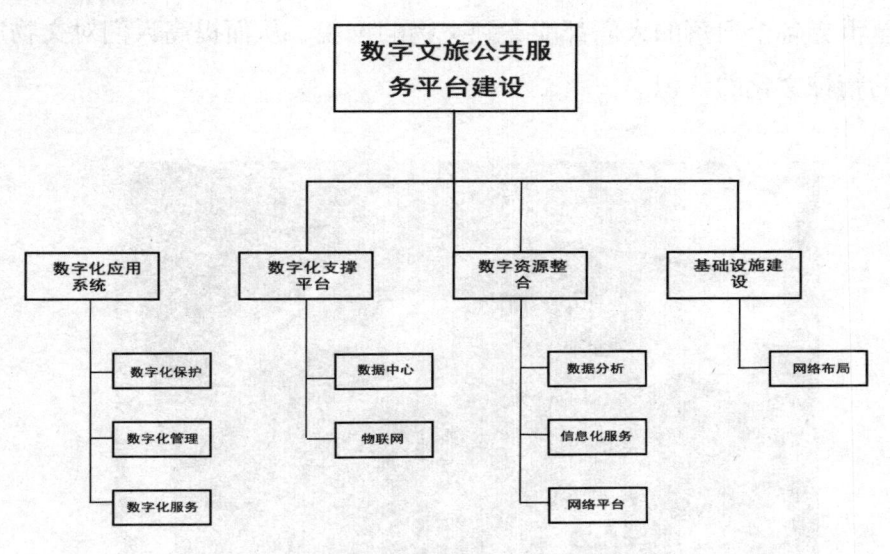

图 4-1 数字文旅平台结构图

一、数字化应用系统

数字文化公共服务平台建设内容是先借助大数字、移动互联、人工智能等技术支撑，建立数字化文物保护、数字化管理、数字化服务等三大应用体系，为游者提供泛在的、个性化的数字化文化体验。

1. 数字化保护

（1）文物数字化管理

大部分文物属于从古至今的珍贵历史文化瑰宝。它们经受了很长时间的洗礼，所以针对文物损坏，特别是在安全和运输过程中，总体难度相对较大,这导致不同地区的文化传播和展览活动存在一定的障碍。许多地区文化的产物只能固定在景区内展示,而不能运送到其他地方。显然,这对文物这一宝贵的历史文化遗产的传承和推广极为不利。借助VR等数字技术,可以实现文物的数字化展示。这将突破时间和空间的限制,使全国各地乃至世界各个角落的人们都能看到文物的全貌,从而提高人们对文物所蕴含的精神文化的认识。

图4-2 数字文旅VR数字设备

(2)文物的辅助修复

文化场馆的重要职责之一是充分有效地监督、关爱展馆藏品的完整性。这里所谓的关爱,不仅仅是对文物简单的关爱,而是采取适当的措施,确保文物不会受到进一步破坏,实现最大化的复原和修复。目前,在中国科技不断更新提升的背景下,数字技术也得到了进一步优化。利用数字技术,可以在计算机中编制科学合理的文物复原修复方案,并借助数字模拟,结合现有的实际问题对方案进行调整和完善,从而最大限度地发挥修复作用。现阶段,中国一些博物馆保存的文物存在严重的破损问题。如一些古籍封面褪色、页码缺失等。借助数字处理技术，可以有效解决上述问题，使其最大化并接近原始外观。这样，人们也可以更好地了解这些文物，更好地了解中国文化传播活动中的相关学术讨论。

（3）文物资源共享

由于环境、地点、时间等多种因素的制约和影响，过去文化展馆的展览效果通常不太好，观众只能前往文化展馆参观，这给参观者造成了很多不便。不仅如此，仓库中的许多优质文物无法在第一时间向公众展示，最终给参观者带来遗憾。博物馆的服务质量也大大降低。利用文物数字化保护技术，可以全面有效地收集、分析和整理文物相关信息。依靠三维虚拟技术和信息交互平台，以及协同移动互联网技术，三维模型可以以全方位、交互式的方式显示。全世界网络覆盖的所有地区的用户都可以利用网络有效扫描文物信息，然后建立一个开放共享的虚拟互动平台，从而实现文物资源的共享。此外，通过建立信息资源数据库，还可以为文化场馆工作者提供便利条件。

（4）文物环境监测

随着我国社会主义经济的快速发展，文化场馆的保护尤为突出，国家逐年增加对文物保护的投资。各类博物馆的藏品、数量和类型日益丰富。一些文物，如丝绸、棉花、纸张书画、竹子和木雕等，容易受到霉菌的破坏，这给文物的保存带来了许多困难。稍有不慎，一些文物就会被霉菌破坏，被微生物作为养分分解，导致文物的酸腐蚀，直接污染文物，从而加速文物的质变和破坏。

存储和处理监测数据，做好风险识别、预测、预警和评价。配置监测终端针对基本环境和污染物指标，包括温度、湿度、有机挥发物（VOC）、光照度、紫外线以及有机污染物等；建设环境监测平台。文物保存设施：

配置符合安全要求的夹层玻璃展柜、文物储藏柜架、专用囊匣。文物保存环境调控：配置适用于文化展厅及库房的照明设施，配置温度、湿度、污染物等主动调控设备，配置调湿剂、吸附剂等被动调控材料。

2. 数字化管理

数字化公共服务平台对数字景区来说，是一个重要的功能需求。其可以提升文化景区的整体形象，可以有效地提高文化景区的整体管理水平。

管理功能主要包括客流管理、员工系统管理、藏品管理系统、展览系统、虚拟技术管理、数字资源管理、图书管理、销售管理、系统管理、应急管理等功能。

（1）数字场馆的客流管理尤为重要

为了使参观者更好的观赏体验，文化场馆提供了智能预约、无感进入、智能分流等服务。文化场馆客流控制包括文化场馆参观总量控制和文化场馆内各场馆客流控制。参观总量目前可以通过技术分析，直接获取游客总数。当总人数超过承载量时，文化场馆可以采取相应的措施，控制流量，如合理分流、控制售票等。对于文化场馆内各区域人流过多的情况，可根据场馆内各景点的分布，将场馆划分为子区域。可以在子区域中的一些关键位置设置RFID读取器和写入器,配置多对天线,将天线配置在关键位置，覆盖关键点。当参观者通过一个关键点时，RFID读写器会获取不同游客的信息，通过不同的身份标签，再由系统统一发送到数据中心。以此确定参观者的位置信息，实时了解参观者分布情况，这样根据数据信息就可以分散参观者流量，自主调节场馆人多密集的状况。

游客管理系统对于文化场馆的管理是非常重要的一个环节，借助数字旅游系统，可以科学地对游客的流动特征和消费习惯进行定量分析，以引导闲置的流动性。

通过配置游客管理系统，文化场馆可以更好地掌控游客流动，提高游览效率和游客体验。此外，数字旅游还可以为文化场馆提供客流分布的实时信息，游客可以利用数字旅游的终端设备，自主调整旅游路线，更好地参观文化场馆。

（2）数字场馆员工管理功能

对文化场馆来说，场馆的服务质量至关重要，而服务的载体是员工，因此数字场馆员工管理至关重要，员工直接影响数字场馆的形象以及声誉。首先，通过RFID标签进行身份信息定位，给每位员工配置工作卡，实现点对点的员工管理，确保协同合作，哪里需要配置哪里，为参观者提供更优质的服务。其实，还可以进行互动评价体系的建设，形成以参观者满意度为基础的功能性体系，这也是员工最终酬劳的参考依据。

（3）文化场馆资源管理功能

在文化场馆内，无论是室内展馆还是室外展馆都会因为各种原因造成文物的损坏。一是参观者过多，二是超负荷开放。采取必要措施对文化资源进行保护迫在眉睫。目前的传统展厅，基本上只配置了摄像装置，而数字化文化展厅不仅可以从视觉上对展馆进行监控，还可以通过物联网对生态环境、人文环境、空气环境进行系统监测，综合运用传感技术、移动互联技术、通信技术等信息化技术，从在保护文化旅游资源的同时，还可以使文化旅游获得更长久的未来。

（4）数字场馆应急管理功能

对于范围较大的文化景区，如森林公园、山脉等，游客往往会有走散的现象。

为了解决这一问题，数字旅游可以利用位置跟踪、电子识别等功能，在景区建立完整的游客安全系统。不同类型的文化场所，在安全管理方面的应用形式也不同。对于地形环境多变复杂的地区，合理配置人力非常重要，以便游客发生意外时，能够以最快的速度进行施救。使用 GPS 技术对游客的位置进行定位，可以帮助游客在迷路或遇到危险时及时得到救援。为此，游客可以携带电子票证，并通知最近的救护车人员。救护车人员可以配备带有 GPS 的 RFID 手持设备，能够以最快速的速度出现在事发现场。

（5）旅游展示功能

首先，VR 技术可以多角度，虚拟环境更加真实，超越空间的局限性，打破时间和空间的限制，观众在戴上头盔后，仿佛沉浸于真实环境中得到极致的感官体验。展现范围可以是文物遗产、科技展览、产品展示、建筑规划、安全教育、医疗卫生、文化旅游等多个方面。通过数字建模构建或复原虚拟的人物或场景，这些场景可以是古代、未来、航空航天、海洋或者特定的产品、人物或事件。也可以是通过全景相机拍摄（航拍）720°全景图片或者视频。把这些通过先进的技术手段以 VR 的方式展现出来。这些展览方式可以单独设备展示。

其次，MR 与 AR 是将虚拟信息与真实世界巧妙融合的技术，能够混合现实，并有独特学习能力的两者结合，进而能够更好地体现出视觉交互的艺术。

最后，通过全息影像来实现虚拟成像ß效果，这也是针对文物保护的一个重要的科技力量。

图 4-3 VR 体验虚拟旅游环境

3. 数字化服务

数字化文旅服务功能贯穿于整个旅行过程，包括门户网站、数字化虚拟旅游、数字化路线定制功能、信息查询、智能交通引导、智能导游、游客应急处理等功能。

（1）网站功能

行前系统是数字文化旅游中比较重要的一个环节，一般游客在出行前，会查阅各种资料，现在是科技的时代，因此会通过大量的网站来查询相关内容，所以，这是游客会接触到的第一个重要的服务系统，因此，文化场馆的网站就不是单纯的一个买票窗口，而是获取文化场馆背景和信息的重要途径，在此背景下，网站建设显得尤为重要。

（2）数字化虚拟旅游功能

综合来看，一般游客在出行前会进行相关信息的搜索，以便做出旅游决策。然而，这些信息和图片通常是平面化的，无法提供足够的感官体验。为解决游客行前体验的问题，可以采用高科技手段，利用三维技术提前筛选信息，让游客能够通过虚拟现实体验景区，更好地了解景区的情况，做出更为明智的决策。这种方法不仅能够为游客提供更真实、更具体的体验，还可以减少出游风险,提高出游的满意度。

数字文旅公共服务平台提供了虚拟旅游功能,利用三维技术构建虚拟旅游环境,帮助游客更好地了解景区,做出决策,VR技术也可帮助传统旅游开发新型的服务模式。如景区体感游戏,增加游客的互动性,融入性更高。游客下载该平台后,可以通过使用键盘和鼠标控制,改变角度和高度欣赏主要文化场馆的美景,甚至可以利用社区中的角色全方位"游览"感兴趣的景点。通过该平台,游客可以直接在线上获取实时信息,如场馆景色、路况信息、人文信息等。这样的虚拟旅游体验不仅可以为游客提供更直观、更丰富的信息,还可以帮助游客更好地规划旅行行程,提高出游的满意度。

图 4-4 虚拟数字阅读体验

(3)数字化路线定制功能

根据个人喜好和需求,游者可以登录此系统,根据需求创建行程,自主挑选出行方式、游览景点、酒店住宿等内容。旅游行程设计平台会自动计算行车、游览景点以及前往下一个景点所需的时间,为游客合理安排线路提供参考,并生成行程单。

此外，系统还会根据出行人数、景区票价、酒店住宿费、汽油费等信息估算出所需费用，为游客提供全方位的旅行服务。通过选择旅行方式和目的地，系统能够自动生成旅行线路，为游客量身定制旅游方案，提高旅游的质量和满意度。

（4）信息查询功能

在制定好旅行路线后，游客会根据自己的需求查询目的地的相关信息，如当地的天气状况、酒店信息、饭店信息、好玩的场景等。游客可以使用手机或平板电脑登录数字文化旅游公共平台，浏览景点概况，获取地址、联系电话、开放时间、门票价格、周边景点、交通信息、自驾导游等信息。在该平台框架下，游客可以提前通过互联网获取旅游景点、住宿酒店、餐饮店、交通设施、购物店、特色商品、导游服务、风景等环节的信息。这样的服务为游客提供了更加便捷的旅行体验。

图 4-5 信息查询功能体验

（5）智能交通引导功能

如果将物联网用于交通管理，智能传动系统将被放入与交通相关的物体中，将两个网络相互融合。在这个集成网络中，需要一个强大的设备系统，通过此系统来管理其中人员、设备以及基础设施。例如，我们可以知道每天有多少车辆进入某个城区，在哪条道路上的速度是多少等。通过精确计算和实时监测道路交通运行情况，我们可以实现智能交通系统，有效避免交通堵塞。在前往旅游目的地的路上，游客可以根据自己的需要定制行车路线，并且及时获取实时车辆和路况信息，帮助驾驶员避开拥堵路段，轻松到达目的地。这样的智能交通系统不仅可以提高交通效率，还可以为游客提供更加便捷安全、愉悦的旅行体验。

（6）数字化导游功能

当前，随着游客对信息的获取需求的逐渐增高，游客将不再满足于传统的单一导游形式，因为传统导游容易出现信息量少、手法单一、沟通困难等问题。因此，数字化导游已成为适应信息化发展要求的必然趋势。

数字化导游能够通过技术终端找到游客的对应位置，因此，实时获取相应场景信息，提供点击积分的信息介绍和个性化服务，让游客真正享受到独立、专业的旅游服务。当游客进入景区时，管理系统通过特定技术自动感知游客的当前位置，然后将带有当前信息的二维码自动推送到游客的手机上。这些信息包括在景区附近位置提供的相关服务，游客可以随时观看，从而实现智能导游。

（7）公众查询功能

公众查询系统在主要数字化场所、景区、旅游咨询服务中心、游客中心、社区等铺设信息服务终端，达到信息一体化，供参观者实时了解情况。

运用智能工具，从主页面进入，就可以看到景区全貌，具体在某个位置，通过各部分等联合作用，只要点进系统，就可以看到景区内任何信息，如地址、交通、目的地电话、价格等信息。后台信息由管理中心统一管理，还可以同时收集来访者数据，做好"电子旅游顾问"，为参观者提供更好的数字化服务。

（8）游客应急处理功能

游客应急处理系统在保障游客生命财产安全方面扮演着重要的角色。当游客发生意外情况时，该系统能够提供迅速的帮助。通过系统，可以迅速定位探险旅游者遇险的位置，并指引救援人员前往现场进行救援。同时，系统还能够快速定位最近的避难所和急救站，帮助受伤或遇险的游客尽快获得救援和帮助。这样可以提高救援效率，缩短救援时间，保障游客的安全。

此外，如果游客走散或遇到危险，系统也能够提供及时的帮助。通过GPS定位或RFID射频设备，游客可以呼救并迅速被救援人员找到。因此，游客应急处理系统在紧急情况下非常有用，可以帮助游客尽快获得救援和保护生命安全。

数字化景区不仅仅配置摄像头监控整个景区，而且通过电子卡片，可以自动定位发出异常信息的卡片，对于突发事件可以自动完成上传与警报。同时会通过工作人员的电子卡定位最近的工作人员赶往事件现场，实现双保险。通过数据分析，可以确定出事人员走过的路线，更准确、快捷地锁定出事者位置，更利于开展营救工作。

二、数字化支撑平台

数字化平台日益成熟，随着科技的发展，物联网、云计算、大数据、移动互联等技术，共同支撑起数字文化景区的管理服务任务，可以使不规则、枯燥的管理工作进行协同作战。大数据的存储和分析是实现大数据分析和处理的基础，这需要大量的存储和计算资源。利用云计算提供的强大工具和途径，可以有效支持大数据处理。通过云计算，可以更好地调用、扩展和管理计算和存储资源的能力，从而节省大量处理和服务部署的成本。此外，云计算还可以更快速地处理大数据的丰富信息，并更方便地提供服务。

物联网可以进行大量的展馆监测，因此，在数字化支撑平台中，数据中心、局域网、Wi-Fi网络、物联网建设是必不可少的，以上技术支撑都是相辅相成的。

数字化支撑平台通常包括以下几个方面：

1. 数据管理

数字化支撑平台提供数据管理功能，包括数据采集、存储、清洗、整合和分析。它们可以帮助收集和管理各种类型的数据，如客户数据、销售数据、供应链数据等。

数字化支撑平台可以从多个数据源中采集数据，如内部的数据库、日志文件、传感器、社交媒体等。采集的数据可以是结构化数据（如数据库表格）或非结构化数据（如文本、图像、音频、视频）。数据管理的存储功能，是用于保存和管理采集的数据。这些平台通常支持各种类型的数据存储方式，如关系型数据库、分布式文件系统、数据湖等。数据存储还可能包括数据备份和恢复功能，确保数据的安全性和可靠性。依据存储功能的应用，数据的清洗和处理功能在数据管理中也非常重要。数据的清洗和处理功能主要用于处理数据中的噪声、错误和缺失值。数据清洗包括去除重复记录、纠正格式错误、填充缺失值等操作，以提高数据的质量和一致性。数字化支撑平台支持数据整合功能，将来自不同数据源的数据进行整合和集成。通过数据整合，企业可以将分散在各个系统和部门的数据连接起来，实现全局视角和综合分析。数据分析功能包括统计分析、机器学习、数据挖掘等方法。这些功能可以帮助企业发现数据中的模式、趋势和关联性，并提取有价值的信息和洞察。数字化支撑平台注重数据安全和隐私保护。它们提供数据访问控制、身份验证、数据加密等安全措施，确保数据在采集、存储和处理过程中的安全性和合规性。

2. 数据可视化

数字化支撑平台提供数据可视化功能，将分析结果以图表、仪表盘等形式呈现，帮助用户直观地理解和解读数据。数据可视化有助于发现趋势、识别异常和支持决策制定。

3. 分析和洞察

数字化支撑平台具备强大的分析和洞察能力，可以对数据进行深入分析，提取有价值的信息和洞察。这些平台通常提供各种分析工具、仪表盘和报告，帮助企业了解业务绩效、市场趋势和消费者行为等。

4. 整合和互操作性

数字化支撑平台具备整合和互操作性，可以与其他系统和应用程序进行集成。这样，企业可以将不同的数据源和业务系统连接起来，实现数据的无缝流动和共享。

5. 客户关系管理

数字化支撑平台通常包括客户关系管理（CRM）功能，帮助企业管理客户信息、销售活动和客户互动。CRM功能可以协助企业与客户建立良好的关系，并提供个性化的服务和支持。

数字化支撑平台提供客户信息管理功能，用于记录和维护客户的基本信息，如姓名、联系方式、地址等。这些信息可以通过手动输入、数据导入或自动采集等方式进行收集和更新。

CRM功能通常包括销售管理功能，用于跟踪和管理销售活动。它可以帮助企业记录销售机会、跟进销售阶段、管理销售团队和分配任务等。CRM还提供销售预测、销售报告和分析工具，以支持销售业绩的监控和分析。数字化支撑平台提供客户互动管理功能，用于跟踪和管理与客户之间的互动和沟通。它可以记录客户的反馈、投诉、需求等信息，并支持对客户互动的跟踪、分析和响应。这有助于建立良好的客户关系，提供个性化的服务和支持。CRM功能还包括售后服务管理，用于跟踪和管理客户的售后需求和支持。它可以帮助企业记录客户的服务请求、问题解决过程、客户满意度等信息，并提供服务工单、知识库和自助服务等功能，以提高售后服务的效率和质量。CRM 功能提供客户洞察和分析工具，帮助企业了解客户的需求、偏好和行为。通过对客户数据的分析，企业可以发现潜在的交叉销售机会、个性化推荐和市场趋势等，从而制订更有效的营销策略和客户管理计划。CRM 功能通常具有整合和协作能力，可以与其他业务系统和应用程序进行集成。例如，与销售管理系统、市场营销自动化工具、客户服务系统等进行集成，实现数据的共享和协同工作，提高团队间的合作效率和信息流动。

6. 供应链管理

数字化支撑平台还可以提供供应链管理功能，帮助企业优化供应链的各个环节，包括采购、库存管理、物流和交付等。这有助于提高供应链的可见性、效率和响应能力。

7. 数字化支撑平台

通常提供协作和沟通工具，促进团队之间的合作和信息共享。这些工具可以包括即时通信、共享文档、项目管理和任务分配等功能，提高团队的协作效率和沟通效果。协作和沟通是数字化支撑平台的重要功能之一，它涉及以下方面的功能：

数字化支撑平台提供即时通信功能，使团队成员可以通过即时消息、聊天工具等实时交流。这种实时通信能够促进团队成员之间的快速沟通和协作，提高工作效率。提供共享文档和文件的功能，团队成员可以轻松共享和协作编辑文档、演示文稿、电子表格等。这样，团队成员可以方便地查看、评论和修改文件，促进协作和信息共享。数字化支撑平台通常包括项目管理功能，用于协调和管理团队的项目。它提供项目计划、任务分配、进度跟踪、里程碑管理等功能，帮助团队成员协同工作，确保项目按时交付。提供任务分配和跟踪功能，使团队成员可以将任务分配给特定的成员，并跟踪任务的状态和进展。这样，团队成员可以清楚地知道自己负责的任务，及时更新任务状态，并协调工作流程。提供会议和视频通话的功能，使团队成员可以进行远程会议、讨论和协作。这种远程协作的方式可以节省时间和成本，同时加强团队成员之间的联系和沟通。数字化支撑平台通常包括社交和讨论区的功能，让团队成员可以在平台上分享想法、提问、讨论问题等。这种交流和互动可以促进知识共享、经验分享和团队合作。数字化支撑平台提供通知和提醒的功能，及时向团队成员发送重要通知、更新和提醒。可以确保团队成员及时了解和响应重要的事务和任务。

通过综合利用以上的协作和沟通功能，数字化支撑平台可以促进团队成员之间的沟通、协作和信息共享，加强团队合作和工作效率，从而实现更高效的工作流程和项目管理。

三、数字资源整合

应用是大数据框架的关键，需求决定分析方法和表现形式。创新的应用给管理和服务带来了新的发展机遇。在旅游公共管理和服务领域，大数据应用已经得到广泛应用。其中，大数据可以用于旅游安全应急、旅游流量预测报警、旅游资源承载力监控、旅游环境监控以及旅游公共信息服务等方面。这些应用利用大数据技术来收集、分析和处理大量的数据信息，从而提高旅游管理和服务的效率和质量，进一步提升游客的旅游体验。云计算平台是数字化公共服务平台建设的核心平台，也是旅游云平台和公共数据中心的主要组成部分，能够满足智慧旅游的需求。

云计算平台是将计算资源库通过网络连接，为用户提供各种服务。云计算以按需、易扩展的方式交付 IT 基础设施，并提供 IT 软件、互联网以及其他服务。其核心思想是统一管理和调度大量计算资源，以构建一个计算资源库。

四、基础设施建设

数字文化旅游建设分为前、中、后三个层次，其中前一层主要侧重于业务需求的优先性，需要考虑不同的对接点和稳定性；中间层主要体现在信息工程建设上，是基于网络的数据库、技术中心和数据中心的建设；后一层则是基础设施和设备建设，如机房建设、指挥中心建设和网络布局，需要与科技发展同步。在制订定数字文化旅游建设的分步实施计划时，需要考虑到系统的高度复杂性和巨大的投资，不能盲目突击。后中层的建设步骤将重点考虑与科技发展的同步性，而前端层的建设步骤则将优先考虑业务需求的实际情况和稳定性。

第三节　数字文旅可视化服务

在数字时代，随着各种科技手段的出现，公众对数字场馆的探索不再需要单一的见识，而是需要生动的结合。数字导览中的增强现实技术应用可以将虚拟元素与现实世界无缝融合，让人们无须离开家门就能参观各种文化场馆。这种技术让用户通过移动设备或头戴式显示器等设备，能够实时看到虚拟元素与实际场景相结合的场景，例如在博物馆或历史古迹中，增强现实技术可以为游客提供沉浸式的参观体验，使他们可以看到过去和现在的场景。这种数字导览方式不仅增强了游客的参观体验，还能为文化场馆提供更具吸引力的展示方式。

数字旅游还为游客提供了更全面和客观的服务，通过虚拟体验和实际互动的结合，产生强烈的沉浸感。通过自主掌握旅游过程，游客可以按照自己的兴趣和需求进行旅游安排，自由选择游览路线、时间和景点等，从而更好地满足个性化的旅游需求。此外，自由探索和实践也能够促进旅游者对当地文化和历史的深入了解，丰富旅游体验。

同时，这种自主探索和实践的方式也可以提高旅游效率，避免了因跟随旅行团或旅游指南而浪费时间和资源的情况。此外，通过积极参与和实践，人们可以更好地掌握旅游知识和技能，形成积极的学习环境，为未来的旅游规划和实践提供更好的基础。

VR实时漫游系统可以设置全自动导航。该系统会为每个场景增加全自动屏幕记录导航路径的功能。通过这种系统化的导览方式，游客可以更加便捷和高效地了解展馆的整体结构和展示内容，同时也能够自主选择参观路径，满足个性化的参观需求。此外，智能规划导览路线也可以有效地避免参观中的混乱和拥堵，提高了参观的流畅度和效率。

总的来说，通过自动化和智能化的导览方式，游客可以更加深入地了解文化场馆的内涵和价值，更好地享受参观过程。同时，这种导览方式也可以为文化场馆的管理和服务提供更加高效和便捷的方案，提高了场馆的运营效率和服务质量。

在子菜单模式下，观众可以点击快速导览，进行未知的切换。

一、基本交互功能

以人为本是数字展厅交互功能设计的重要原则。数字化让实体文化展馆的文化保存、传播、展览、教育的功能更加主动化。VR交互功能的设计应该融合用户特点和需求，关注观众与展品、场景之间的关系，提高观众参观过程的体验，使学习文化知识变得更加主动化，从而更好地满足观众的需求。在与数字化文化互动的过程中，它实现了学习文化知识的目标。

二、热点交互功能

传统文化旅游的盲点应该是没有导游的介绍，基本上看不懂文物展品，而即使有导游，由于内容多、讲述快，一边游览一边听讲解，一场下来，基本上也记不住所讲解的内容，随着数字化手段的出现，数字化导览VR实景系统可以设置热点内容，将重点区域设置成超链接，观众可以自主观看内容，充分解决了传统旅游的盲点，增加自主学习的兴趣。

三、场景展示功能

数字技术的交互式展示是数字文化展示最重要的功能，可以实现更真实、更复杂的场景和展品展示。观众可以通过多媒体手段全面了解场景和展品信息，通过鼠标和键盘移动和旋转观察展品的内部细节。观众可以在3D真实场景中自由行走，无须根据导航提示改变位置，恢复展厅的原始三维结构，以360°随意查看，实现沉浸式漫游，操作更加流畅。观众可以使用鼠标控制浏览方向，可以向左或向右、向上或向下，以及720°沉浸式漫游，就像在场景中一样。通过创建一个迷你模型，缩小在线大场景数字展厅，可以看到真实实体展厅中看不到的结构视图，清晰展现展厅中每个展区模块的分布效果。同时，观众可以通过单击按比例缩小的迷你展厅模型中的任何参观点直接进入所需位置。鸟瞰图可以自动生成从展厅的上下方向通过正交投影获得的平面俯视图，可以看到展厅的大致规划形状和面积。观众可以通过触摸或键盘和鼠标来控制整个场景的位置、旋转和角度，实现视角转换。在数字展厅中，观众可以轻松浏览，想去哪里就去哪里，实现从被动到主动的学习体验。数字技术的交互式展示使得数字化文化展厅更加人性化，提高了观众的参观体验。

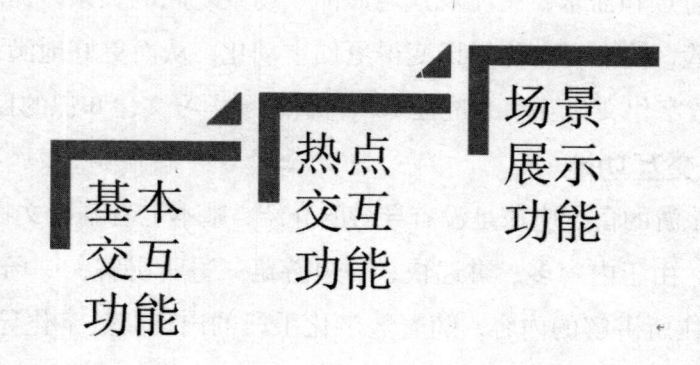

图4-6 数字场景展示的功能

第四节　数字文旅的品质保障

一、数字化诚信管理——旅游企业诚信档案

目前，在优化旅游信息化建设的过程中，各地企业信息还不完善。传统游客只能找到一些简单的信息，有些信息不准确，无法达到更好的旅行目的，旅游企业的诚信档案在大数据时代尤为重要。对动态旅游企业的基本信息和完整性管理进行查询，可以满足客户的需求，为旅游服务提供商的选择提供参考。

除了保存和动态更新旅游企业的基本信息外，旅游企业的诚信档案强调旅游企业诚信管理的跟踪记录。通过查看一家旅游企业的诚信档案，游客不仅可以了解该企业的基本信息，还可以了解其诚信管理情况。利用云计算平台聚合 IT 资源和存储计算能力，数字旅游建设将实现旅游企业信息化的集约化建设和按需服务，形成区域内的虚拟资源区。

通过供应链、在线营销、企业资源管理、在线预订等专业服务系统，数字旅游可以为旅游企业提供基于网络共享和按需应用服务的软硬件环境，有效降低中小旅游企业利用信息技术开展业务活动的资源和技术壁垒，提高旅游信息应用研发和服务效率。数字旅游还将帮助旅游企业开展在线营销，为企业提供更多的市场曝光和商业机会。

利用广播电视、互联网用户和论坛、位置服务、社交网络服务等各种网络资源作为旅游营销载体，组织不同的在线旅游营销活动，针对特定客户群体提供个性化的旅游产品和服务，建立客户忠诚度，管理旅游产品目录，改变旅游服务的增值方向，从而创造新的竞争优势。同时，通过细分营销

内容，可以更好地满足客户需求，为客户提供更加专业、贴心的旅游服务。在此过程中，需要对不同的网络渠道资源进行合理的分配和利用，以实现旅游营销的最佳效果。同时通过建立科学的企业信用标准，完善数字化旅游的信息管理体系，从而向游客提供个性化服务。

二、互动评价体系建立

建立互动评价体系，开设网络讨论区，提供优质的网上咨询服务。传统的方式是旅行社向游客发放纸质评价表，由游客填写。这种情况一般只是走个过场，并没有人认真填写，而且后期的统计费时费力，经常只是流于形式。

通过建立数字文化互动评价体系，可以让参观者通过系统快速发布自己的评分和相关评价意见。系统提供综合统计游客的打分和评价功能，便于文化展馆及时了解大众需求，并以此作为展示内容和相关主题的参考依据。同时也作为文化展馆评优和市场调查的依据。

为了满足群众的文化和旅游需求，文化和旅游公共部门需要建立健全的数字服务平台，并拓宽多种表达渠道，如广播电视、互联网用户、论坛、微博、位置服务和社交网络服务等网络渠道资源，以此作为旅游营销的载体。在此基础上，组织相应的在线旅游营销活动，细分营销内容，整理管理目录，建立客户黏合度，通过提供个性化的旅游产品和服务，旅游服务提供商可以更好地满足客户不同的需求和偏好，增强客户的满意度和忠诚度。此外，定制化的旅游产品和服务也可以为旅游服务提供商带来更高的收益和利润，提高企业的竞争力和市场占有率。

建立健全的数字文化和旅游公众服务需求沟通平台，为群众提供多种方式和手段，有效地表达需求。建设文化和旅游公共服务体系需要广泛咨询和听取群众意见，开通在线反馈渠道，实现一键反馈，并拓宽传统反馈渠道。推动建设全面系统的文化和旅游公共服务体系，包括基础设施体系、信息体系、服务保障体系、公共产品体系和标准化体系，以满足群众需求，适应文化和旅游发展。在选址决策时，应听取公众的意见，以确保决策正确，并使更多的人受益。文化和旅游公共服务基础设施的功能设置、功能拓展和功能提升也需要充分听取群众的意见和建议，合理高效地设置和拓展基础设施功能，使基础设施充分高效地用于满足群众需求。

公共部门应推动机构性综合文化和旅游公共服务基础设施联盟，包括博物馆、美术馆、图书馆、旅游景点和文化旅游综合体等。联盟旨在从单一、独立的服务向统一、全面的数字文化和旅游公共服务提供转变，为群众提供无缝的文化和旅游公共服务。文化和旅游公共服务体系的各子系统应紧密相连，以满足群众的需求。公共部门应利用信息和网络技术为群众提供服务，提高文化和旅游公共服务的覆盖面和服务效率。针对群众需求，投入资金整合资源，建设综合性、多维度、聚合性的文化和旅游数字公共云平台，整合旅游信息网络、移动客服终端等公共服务平台，并整合原有的"文化云"和"旅游云"平台以及其他与文化和旅游相关的智能应用程序，以满足 PC 和移动客户的需求。同时，建立文化和旅游公共信息"媒体融合中心"，整合现有媒体资源，将媒体与文旅公共服务相结合，实现文旅信息交流融合。

三、安全保障体系

数字旅游安全体系建设应遵循国家级保护的要求，从技术、管理、运营等方面对数字旅游信息网络采取"主动防御"的安全保护策略，并在传感层、数据层和应用层建立安全的传感器网络。安全的通信网络、数据中心和应用平台能够在各级预防和控制数字旅游。

1. 对于传感层，安全防护的重点是实现用户的可信接入，保证数据的机密性、完整性、可用性、不可复制性。

2. 对于网络层，安全防护的重点是实现传输过程中的完整性、机密性、可用性，主要通过采用防火墙、IDS/IPS、抗 DDOS 攻击系统、网络密码机、信道密码机、服务器密码机、VPN 设备、安全接入网关、安全性能检测设备等实现。

3. 对于数据层和应用层，可通过采用安全应用支撑平台、身份认证及访问控制系统漏洞扫描系统、安全扫描工具、防病毒及恶意代码产品、可信接入认证系统、防非法接入认证系统、监控与审计系统、安全存储系统、主机安全加固系统、网络安全审计系统、入侵检测及防护系统的实现。

四、细化服务监管

新时代，人民群众对精神文化和旅游的需求呈现出多层次、高质量的特点。精细化服务体现在为群众提供严格、周到、有效的文化和旅游公共服务，增强系统的直观感受，实现全程服务、舒适服务。管理人员要合理化，有服务意识，从服务管理过渡为服务思维，为人民群众提供更加周到的文旅公共服务。

新公共服务理论提出，政府部门的服务对象应以人为本，在整体的运行过程中，前期的职能展示、后期的管理过程，都必须满足与服务对象的需求。主旨是改变以往陈旧的公共管理服务模式，站在游客的立场，转变理念，实行创新的服务模式，这才是新时代的公共服务。

首先，智慧云是推荐文化和旅游公共部门发展的重要手段，可以借助技术手段，如 AR、VR 等，实现场馆与场景的一体化平台。目前，可以很快实现的就是手机 APP 的开始与管理，既可以搭载服务系统，又可以实行合理计划。其可以根据各类相关信息等不同板块搭载不同的功能分区，提供更适合大众使用的便捷检索。文化和旅游基础设施系统应完善各组成部分的功能，调整现有场馆布局，优化旅游线路等。公共文化和博物馆场馆开发旅游功能，在旅游景点增加文化体验区，在景区增加文化元素，在景区建立自习室和文化角，充分发挥场馆在游客体验中的作用。实施根据大数据分析游者需求，按需求调整适合板块，增加基本功能。完善平台系统功能，群众通过数字平台实现线上互联，享受在线文旅公共服务，提升文旅综合服务水平。

其次，自媒体的发展是不可忽视的，因此，我们要整合信息，打造自媒体宣传体系，提高自媒体的应用率，实现各平台相互融合、传播。利用媒体广泛宣传文旅咨询、服务内容、精品线路等服务，实现受众群体包含面广。丰富信息内容体系，开展广泛的信息合作和交流，特别是文化和旅游公共部门与安全部门和承担主体经营的企业之间的信息交流，满足群众对多样化文化和旅游信息服务的需求。

最后，导游团队的建设和管理是更为重要的一个环节，要加强服务人员的专业性和综合素质。能够融入游客心里，提升用户感知体验。

实施文化和旅游安全服务保障工程，保障文化和博物馆场馆、旅游景点和人员的安全，减少安全事件的发生。建立数字化文旅公共服务保障体系，使其与本地文化和旅游发展相适应，与经济社会发展相协调，提高人民群众的获得感。完善文旅安全服务，构建文旅安全防护网，保障游客人身和信息安全。同时，让导游在为游客提供高质量服务的同时，充分发挥文化传播的作用，为游客带来更加愉悦的旅游体验。

第五章 数字文旅的创新实践

第一节 数字文旅融合新思路

一、数字文旅发展现状

1. 数字经济对文旅产业发展的作用

2021年6月，文化和旅游部印发《"十四五"文化和旅游发展规划》，提出要推进文化、旅游与其他领域融合发展，培育文旅融合创新业态，拓展文旅融合新空间。2022年5月，中共中央办公厅、国务院办公厅印发了《关于推进实施国家文化数字化战略的意见》，建议多措并举，推动中华文化数字化成果全民共享。数字化作为文旅融合的催化剂，正在使中华传统文化焕发数字新生。例如，地方文旅部门可以在文化遗产数字资产管理平台上，实现文物、遗址和文化遗产数字资源的创建、管理和利用，从而推动并实现文化数据资源转变到文化数字资产管理的变革。在文化数字资产的基础上不断丰富文旅产品新模式和服务供给，满足随着经济社会发展而日益增长的高质量、高品质的文化生活需求，弘扬中华传统文化，增强中华文化自信。

图5-1 数字经济对文旅产业发展的作用

（1）加快文旅产业融合发展的步伐

人们在面对出游时所选择的旅游产品，综合因素较多，除了要考虑自然资源之外，还需要感受旅游目的地的地域文化特色、当地的条件和习俗，这些都是文化的外在表现。然而随着数字经济的发展，旅游产业要实现高质量增值，离不开数字科技的支撑，也离不开文化旅游业。从近几年文旅产业的发展来看，数字技术在艺术与旅游产业发展中促其快速融合，不仅仅是加快了产业现代化发展，同时在文化艺术方面与旅游相互融合的创新产业及旅游模式的发展上指明了新方向，为加快和深化艺术与旅游产业的融合发展，为高质量、创新化发展提供了动力。

（2）奠定文旅产业升级发展的基础

旅游产业一直是我国大众休闲娱乐活动的热门活动产品，随着社会经济的发展旅游市场突飞猛进，在当今社会旅游已经成为人们假期休闲放松娱乐的必然选择路径。随着旅游市场的不断发展、消费需求的不断提高，特别是在出境游的影响下，国内旅游市场存在旅游产品独特性强、产品无特色、品质不高等弊端，这些都大大降低了人们对国内旅游市场的信心，也体现了文化产业一体化发展的必要性和紧迫性。

（3）实现产业升级发展

在数字经济大力发展的时代，数字技术突破了原有的传统的职业限制，已然成为一种数字赋能的生活方式，在人们的生活中承担着重要角色和任务。数字电子产品和移动网络的出现，全面冲击人们的生活，从而也进一步提高了人们在生活、工作中对信息技术的依赖程度。面对这样的社会潮流，数字化的助力成为传统产业发展的必然选择和趋势。然而对文化旅游来说，将传统旅游与数字信息协同发展，使其保持与人们生活方式一致的发展观是顺应时代发展的必然选择。其满足人们针对当下旅游产品需求，为文化旅游产业开辟了新的发展路径，极大地提升了文化旅游产业品牌，促进了产业发展。

《数字中国指数报告（2020）》显示，文旅产业"用云量"的数字化应用呈快速增长的趋势。当下正处于数字化转型的初级阶段和快速增长阶段，随着数字经济的发展，也会产生巨大提升空间。文旅产业需要紧随数字化经济的发展及变革，充分利用好数字化的发展机遇，充分利用及整合当下文化旅游相关产业进行数字化的产品升级，包括其产业形态、产业结构、商业模式等全新定制，实现文旅产业数字化赋能的全新高质量、高水平产业。

（4）推动文旅产业深度融合

在旅游产业变革的道路上，首先是文化与旅游产业的整合，数字经济背景下信息技术的发展更加强力地推动了文化旅游产业整合的深化，数字技术这一强大的推手为文旅产业的整合提供了更多思路和可能。未来，随着数字技术不断研发的加深，文化产业与旅游产业的边界和差异也将越来越模糊，它们将相互交融实现多层次、多角度、多元融合，最终实现文化产业与旅游产业的深度融合。

（5）为文旅产业持久发展提供动力保障

当下的文化产业与旅游产业的融合仍处于发展前行阶段。无论从产业整合的模式、产品内容还是发展方向来看，两者之间的融合都还有提升和发展的空间。随着我国经济的不断建设发展，必将激发起人们对高质量生活的需求，而这一需求正是文旅创业发展的方向。数字经济背景下数字化技术的加持将对文旅产业发展提供动能。

（6）提升智慧化服务及管理

随着智慧城市的发展，文旅行业的服务及管理体系也面临着巨大的变革挑战，同时这也是转型升级的一次契机和机遇。文化旅游行业更是要借助数字经济交互化、集成化、智能化的优势利用好物联网、大数据、云计算等信息技术，以数字平台为载体，提升文旅供给水平和服务效率。对文旅资源进行系统化整合，对文旅信息进行实时监测、处理和发布，打造一站式、智慧化的游客服务平台和运营管理后台。

2. 数字经济下数字文旅发展机遇

（1）数字旅游产业创辉煌

在数字经济繁荣发展的背景下，数字文化旅游产业更是方兴未艾，各类数字旅游产品成为旅游业发展新的经济增长点。数字文旅几乎不受环境和时空限制，兼具低成本、强互动、高安全性的优势，是科技进步与产业升级的趋势所在。多家博物馆开通了网上展馆，许多线上旅游平台也推出了云旅游项目，通过 VR 技术让用户体验足不出户即可"身临其境"的奇妙旅程。数字旅游实现了不受空间限制，不受时间限制，通过网络、数字技术为用户提供方便舒适旅行的感受。越来越多的用户被数字旅游所吸引，相信在未来，数字旅游仍将发挥它独特的作用，持续发展成为旅游业异军突起的新力量。

（2）迎合大众对旅游的迫切需求

疫情阻挡了人们出行的脚步，但无法禁锢人们那颗向往美好世界的心。虽说由于新冠疫情的易传染性，线下旅游这种人流密集的活动受到制约，境外旅游、国内远距离旅游等更是难以实现，但人们对旅游的需求从整体上来说是只增不减的，因此数字文旅这种避免人员聚集，自己在家就能随心所欲领略各地风光，承载了大量用户旅游需求信息的旅游方式备受人们青睐。另外，语音导览、AI 虚拟游览等各类丰富多彩的旅游体验方式，使游客能够感受到旅游别样的魅力，在满足游客游览需求的同时，也催生了游客在旅游中的新需求。

二、数字文旅融合发展策略

在数字经济时代,数字技术的应用满足了文化旅游消费者的极致体验需求,同时也进一步激发了消费者对美好生活的需求。而消费者的这一需求又促进了文化旅游产业的价值重构和组织重构,推动了文化旅游产业的进一步发展。随着 5G 网络时代的到来,文化旅游产业发展质量也将获得全面提升。这就要求文化旅游企业应把握时代发展契机,建设"5G+ 文化旅游创新基地",加速大数据、云计算、人工智能等先进数字技术在文化旅游产业、服务、营销、管理和体验等环节的渗透。

```
数字文旅融合发展策略 ——— 创新培育文化旅游产业新业态
                   ——— 促进数字技术与文化创意的融合
                   ——— 借助数字技术,传承和发扬传统文化
                   ——— 打造全新的数字文化旅游生态圈
```

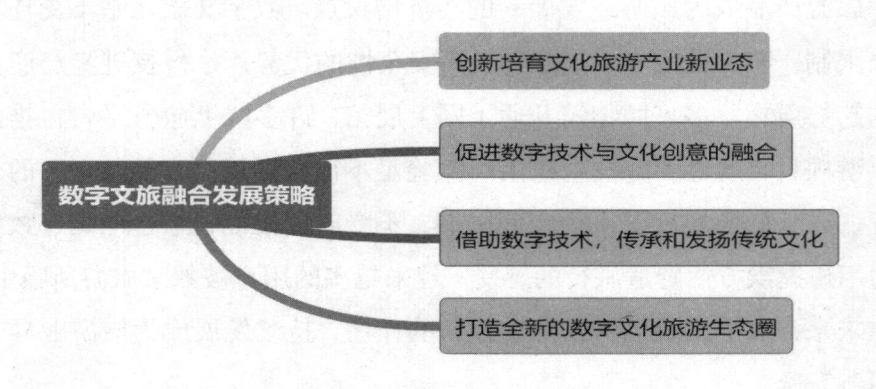

图 5-2 数字文旅融合发展策略

1. 创新培育文化旅游产业新业态

文化旅游产业应以市场为导向、以需求为牵引,推动文化旅游领域的供给侧结构性改革,并借助数字技术和网络平台,培育可视化旅游交易平台、虚拟现实景区、虚拟现实娱乐、虚拟现实旅游直播等全新的旅游业态,充分彰显数字文化的魅力。同时各地政府应加大对文化旅游产业的投入和扶持力度,完善景区和博物馆的智能化基础设施,以便为游客提供智能导览、个性化讲解、快速响应咨询、针对性产品推送等服务。同时在旅游演艺中,也可以将场景科技技术运用到其中,为游客带来不一样的视听体验。而博物馆则可以借助数字技术,打造更多游玩互动的体验项目,让

游客对文物形成更为全面认识和了解的同时,享受全新的数字文化体验。

2. 促进数字技术与文化创意的融合

将数字技术贯穿到生产、管理、传播、营销等文化旅游产品的全链条中,并将通过数字创意与景区商业模式创新、文化创意业态创新进行融合,打造一体化的文化旅游体验平台。同时各地区应借助虚拟现实、增强现实、5G等技术,将具有本地特色的自然资源、文化传统等旅游资源进行整合,提升文化旅游产品和服务的科技含量,推动地区文化旅游产业发展。

3. 借助数字技术,传承和发扬传统文化

我国历史文化悠久,在漫长的历史长河中,沉淀出了很多优秀的传统文化,这些传统文化是中华儿女的精神宝库,同时也是我国文化旅游产业不竭的发展资源。因此,在数字经济背景下,各地区文化馆、博物馆和景点应借助人工智能、虚拟现实、小程序、云计算、虚拟现实等技术,实现对传统文化的传承和发扬。比如可以将人气IP与民俗、传统文化、传统戏剧等非物质文化遗产项目进行融合,推出动漫、动画、网游等产品,让传统文化以全新的形态出现在大众面前,激活传统文化的当代活力,促进传统文化的创新性发展。

4. 打造全新的数字文化旅游生态圈

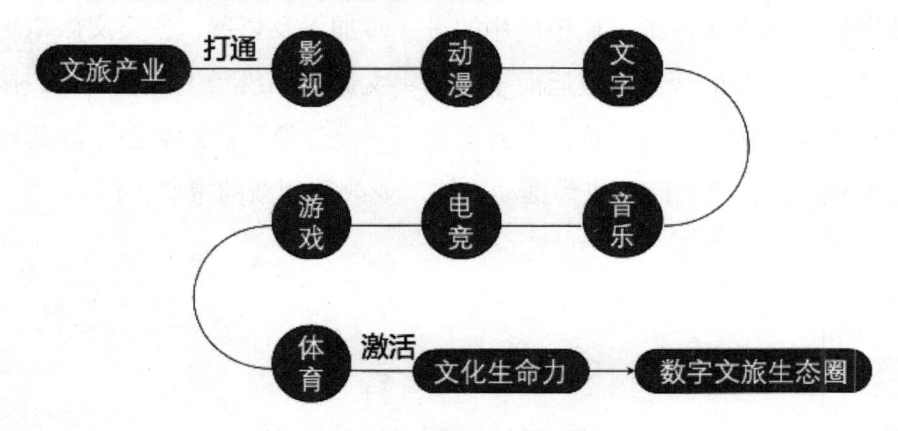

图 5-3 全新的数字文化旅游生态圈

在数字经济背景下，文化旅游产业应借助数字技术打通影视、动漫、文学、游戏、电竞、音乐、体育等全产业链，并通过线上线下相结合的方式激活文化生命力，打造全新的数字文化旅游生态圈。同时在特色小镇、体育旅游和旅游养生等项目的建设中，也应顺应时代发展趋势，借助数字技术拓展全域旅游的维度。另外，在乡村文化旅游中也应大力发展数字化、智能化旅游项目，并借助虚拟现实、全息投影等技术生动展现景点的风光特点，或再现已经消失和传说中的文化遗迹，为游客带来全新的游玩体验，推动当地旅游经济的发展。

第二节　数字文旅的云端体验

在数字经济的背景下，随着信息科技技术不断地发展及变革其与文旅产业深度融合并肩发展，"互联网+"及数字信息技术加速了其与旅游产业的相互融合并不断地演变出新产业、新模式、新业态等新的发展模式。然而，这些数字化"新"的变革正在成为积极推动文旅产业转型升级、高质量发展的重要驱动力。随着互联网、信息技术、人工智能、5G、大数据等数字技术在文化旅游产业中应用的进一步加深及拓展，各类文旅市场主体也随之产生新的变革，应运而生的数字文旅产品纷纷上线、上云，接连创造出"云旅游""云展览""云赏艺""云公教""云文创"等新颖的文旅展现模式，也因此而成为推动文旅产业改革创新的重要手段。

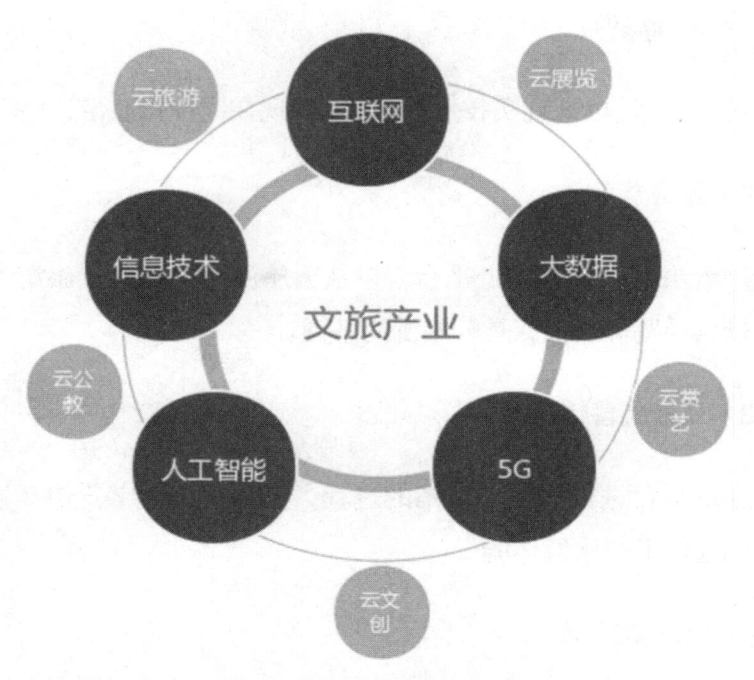

图 5-4 "互联网+"下文旅产业新模式

一、"云旅游"相关概况

1. 相关概念界定

云旅游是一种新型旅游模式,它通过数字化和网络化技术,将旅游服务和产品以云端形式呈现,使游客无须实际出行,就能够通过云端的虚拟旅游体验来获得旅游乐趣。云旅游有许多相关概念,以下是其中一部分:

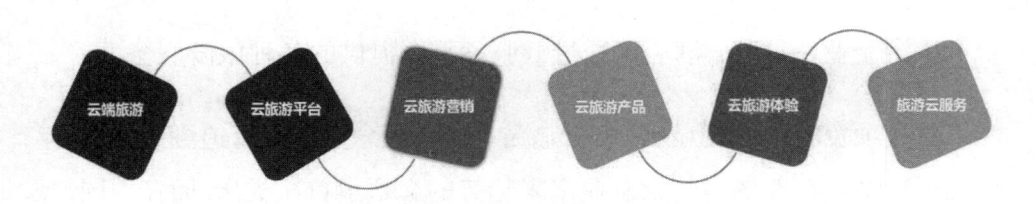

图 5-5 云旅游相关概念

（1）云端旅游

通过互联网、虚拟现实技术等手段，实现在线虚拟旅游，不必实际出行。

（2）云旅游平台

提供云旅游服务的线上平台，包括云旅游产品购买、旅游线路规划、云旅游景点导览等功能，是云旅游的基础。

（3）云旅游营销

云旅游平台进行推广和营销的过程，主要利用数字营销和社交网络，吸引用户进行虚拟旅游体验。

（4）云旅游产品

云端上的旅游产品，包括虚拟游览、云端展览、远程教育、语音导览等类型。

（5）云旅游体验

用户通过云端旅游产品进行的旅游体验，包括虚拟游览、云端展览、远程教育、语音导览等。

（6）旅游云服务

旅游企业、景区、酒店等通过云服务平台提供的各种旅游服务。

从各项资料中查询显示，"云旅游"这个概念最早可以追溯到2007年，由英国科学家在其撰写的旅游业未来趋势的文章里首次提出。而在中国，"云旅游"这个概念最早可以追溯到2009年，由经济学博士、经济学家彭文生在其所撰写的一篇论文中提出。

"云旅游"是一种以互联网技术为核心的新型旅游模式，重点是将线上旅游资源与线下旅游服务相结合，以提高旅游的便利性、可靠性和效率性。因此，"云旅游"产业不是单独存在的，而是与传统旅游产业密切相关，服务于线下旅游业。这种模式在现代旅游业中越来越流行，因为它能够满足旅游者对个性化、定制化、互动性和即时性的需求，同时提高旅游业的增长和盈利能力。

"云旅游"概念强调的是旅游供应链的全过程管理，包括旅游前、中、后的不同阶段，以提供更全面、个性化的旅游服务。在旅游前阶段，"云旅游"可以通过互联网技术为游客提供目的地信息、景点介绍、交通路线、酒店预订等服务，以便游客更好地制订旅游计划。在旅游中阶段，"云旅游"可以为游客提供导航、语音导游、移动支付、旅游纪念品等服务，增强游客的旅游体验和满意度。在旅游后阶段，"云旅游"可以为游客提供游记分享、评价点评、售后服务等服务，以提高游客的忠诚度和口碑效应。因此，"云旅游"概念的核心在于以互联网技术为支撑，为游客提供全程的旅游信息和服务，并不断提高旅游供应链的效率和智能化水平。

随着我国 2020 年新冠疫情的到来，我国文化旅游产业受到了极大冲击，而此时"云旅游"的诞生极大地缓解了我国旅游产业的矛盾，在此特殊的国情下其概念也随之发生了变化，在疫情前，"云旅游"更侧重于线上、线下相互融合的模式，旅游企业将线下旅游与互联网、移动互联网相结合，推出一系列的互动体验产品，并通过社交媒体、短视频平台等渠道开展宣传推广，为用户带来更加立体丰富的旅游体验。例如，一些旅游景点和景区在云平台上开展虚拟游览和讲解活动，为游客提供更直观、细致的参观体验；一些旅游企业推出了 VR 旅游、AR 旅游等新型旅游产品，通过技术手段为用户打造智能化、个性化的旅游服务；一些文化机构和博物馆开展了在线讲座、互动展览等活动，为用户提供更加深入、多元化的文化体验。因此，疫情前的"云旅游"更强调线上、线下相融合的模式，打造更加全面、富有情感体验的旅游平台。

```
云旅游
├── 旅游前阶段
│   ├── 目的地信息
│   ├── 景点介绍
│   ├── 交通路线
│   └── 酒店预订
├── 旅游中阶段
│   ├── 导航
│   ├── 语音导游
│   ├── 移动支付
│   └── 旅游纪念品
└── 旅游后阶段
    ├── 游记分享
    ├── 评价点评
    └── 售后服务
```

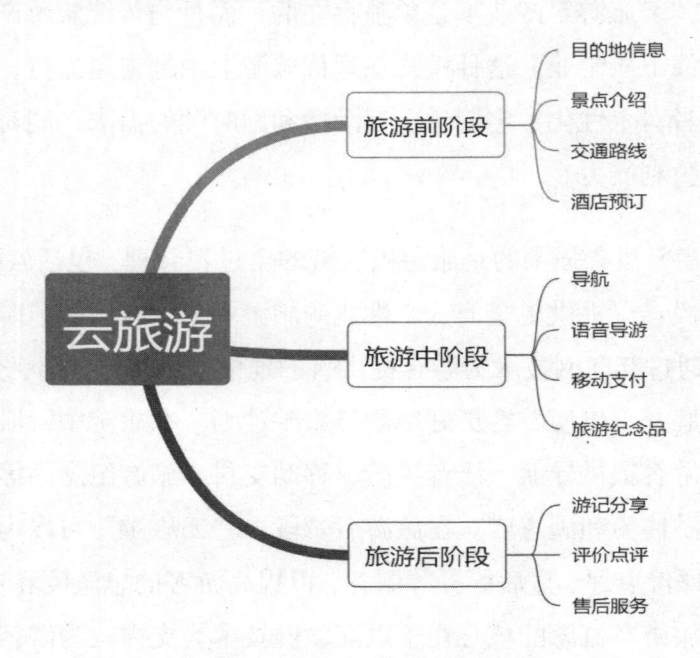

图 5-6 旅游供应链的全过程管理

新冠疫情期间，云旅游成为旅游业发展的一种新趋势，不仅大大促进了旅游业的恢复和发展，还带来了更为多元、智能的旅游体验。首先，云旅游将更多地以线上形式出现，如 VR360°全景漫游、在线订票、在线导游、在线购物等。这将为用户提供更加便捷、智能化的旅游服务，缩短旅游出行中的等待时间。其次，云旅游将更加强调个性化和定制化。未来，旅游企业将会针对不同用户群体、不同的出行目的和特定需求，提供个性化定制化的产品和服务，使用户的旅游体验更加完美。最后，云旅游将更加注重信息化安全。随着网络安全问题的加剧，未来的云旅游企业必须加强信息安全管理，建立完善的安全防控机制，以保证用户个人信息的安全。

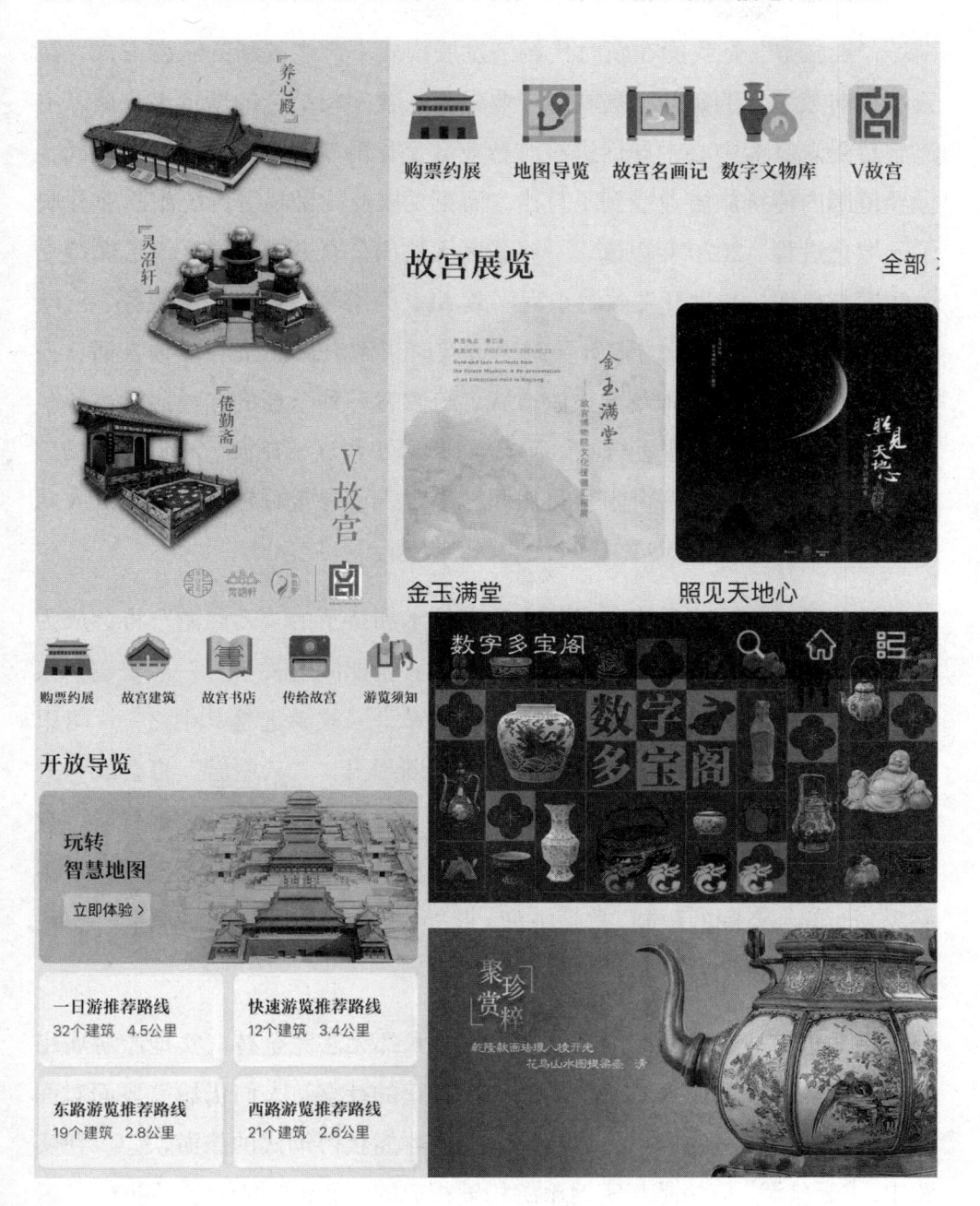

图 5-7 云旅游线上 APP 体验

2. 云端体验发展模式

"云旅游"是我国在新时代经济发展模式下产生的新的旅游方式,在云端方向数字化的延伸,是旅游产业中人与数字相结合的新形态,是以主流旅游受众者为中心主导促进旅游行业数字化的变革。在疫情防控期间,世界范围内传统旅游业受到了打击,而正是以此为契机,传统旅游业开展了云端化进程。2020年以来,一些景区无法向公众开放,景区为了保持受关注度与热度,通过开发旅游小程序或APP为游客提供云旅游服务、云端VR旅游体验服务、云端旅游导游语音实时讲解、云端旅游视频直播、云端游客在线互动等多种新型旅游方式,给游客一种全新的在线旅游体验。游客利用在线旅游程序进行景区游览,"景区小程序云旅游、云端VR体验、云端语音讲解"这些新奇事物自然而然地走入了寻常百姓家,让普罗大众真真切切地体会到了5G网络时代发展的红利。

随着科技和网络的不断发展,数字技术加持下的"云旅游"将会成为人们日常休闲的惯性化和常态化消遣方式,就如同电视节目一般普遍。人们的生活方式和消费行为正在发生深刻变革,云旅游也是其中之一。可以预见,随着互联网的不断普及和技术的不断提升,"云旅游"将会成为人们日常休闲的惯性化和常态化消遣方式。"云旅游"具有一定的优势,它可以为消费者带来更加丰富、多样化的旅游经验,而且无须移动身体,不必受到时间和空间的限制,舒适方便。此外,它也可以减少旅游成本、环保,并且满足某些群体特定的旅游需求。

然而也需要看到,无论多么先进的技术都无法完全替代实地旅游所带来的亲身体验和情感共鸣,也无法替代真正的社交。人们仍然需要面对面的交流、感受真实的风景、体验异国文化才能获得彻底的旅游快感。在实践中,"云旅游"应该是与实地旅游相辅相成的,而不是取代它。同时,"云旅游"在保护旅游资源和文化遗产、提高旅游品质和服务方面也需要进行更多的探索和实践。

数字文旅云端产品从起步到成熟应用的发展过程中会出现各种具有创新创意性的产品模式，其发展脉络可以分为以下几个阶段：

（1）起步阶段

早期数字文旅云端产品主要是简单的网站或软件，用于展示旅游景点、文化遗产和博物馆等场所的信息。这些产品主要围绕着文化旅游的信息展示和宣传展开，内容相对单一，用户参与度不高。

（2）发展阶段

伴随着技术的进步，数字文旅云端产品开始向交互性和个性化发展，增加了虚拟导游、互动展览等功能。同时，平台优化和生态建设成为重点，让更多文化产业和旅游业参与进来，推动数字文旅行业的全面发展。

（3）创新阶段

当前数字文旅云端产品已不是简单的信息展示，而是呈现出更多创新亮点。例如，增强现实和虚拟现实技术被广泛应用，让游客可以身临其境地体验旅游景点和文化地标。同时，智能化技术也开始应用到数字文旅云端产品中，通过数据分析和挖掘，为用户提供更准确的定制化服务。

（4）成熟应用阶段

数字文旅云端产品的成熟应用阶段，不仅仅是技术的成熟，更是产业的成熟，形成了完整的数字文旅产业链。数字文旅云端产品的应用范围广泛，从旅游景点、公园、文化遗产到博物馆、影院、美术馆等场所。

总之，文化旅游产品云端化数字化的发展和应用，需要技术和产业的双重发力，同时也需要政策扶持和社会支持。只有这样，数字文旅云端产品才能不断创新，形成完整的产业生态，并推动数字文旅行业的发展。

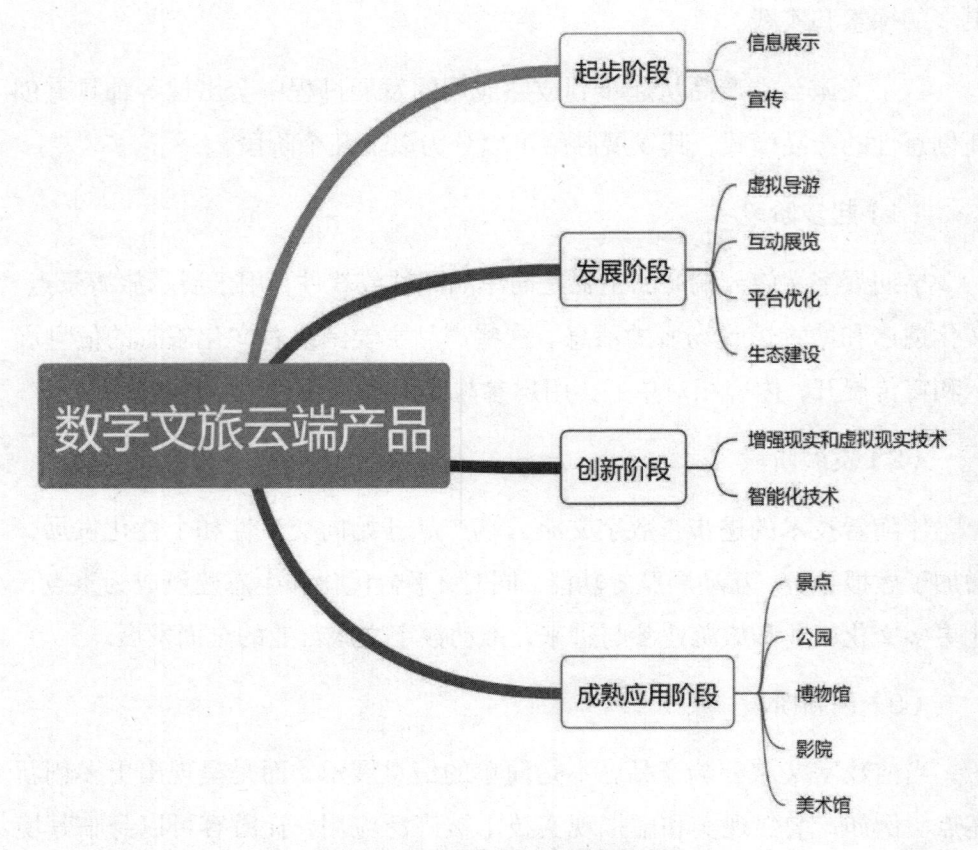

```
数字文旅云端产品
├── 起步阶段
│   ├── 信息展示
│   └── 宣传
├── 发展阶段
│   ├── 虚拟导游
│   ├── 互动展览
│   ├── 平台优化
│   └── 生态建设
├── 创新阶段
│   ├── 增强现实和虚拟现实技术
│   └── 智能化技术
└── 成熟应用阶段
    ├── 景点
    ├── 公园
    ├── 博物馆
    ├── 影院
    └── 美术馆
```

图 5-8 数字文旅云端产品发展脉络

二、数字文旅中云端设计策略

1. 数字文旅云端设计发展机遇

在数字经济快速发展及疫情常态化的背景下，我国传统线下文化旅游活动受到了很大的冲击，与此同时"云旅游"的发展却迎来了一定的机遇。

（1）政策加持

传统的文化旅游已进入瓶颈期，同时受到疫情的影响，众多旅游企业暂停经营，人们的"出游"计划也受到了影响。数字文旅的云端设计、"云旅游"突破了作为旅游信息平台的单一模式，成为旅游营销的主要策略。

国家文旅部门发布公告，要大力推出在线公共文旅服务，这一思想为旅游业智慧化转型提供了明确的指导。《中国国内旅游发展报告2020》强调了疫情影响下旅游业向智慧化发展的必要性，引导"云旅游"新业态的发展。"云旅游"作为国家和政府大力支持的旅游形式得到了切实有效的推广，并且迅速成为旅游分享的重要组成部分。

（2）社会需求

随着社会经济的发展，社会人群新潮思维模式的转换加以数字化的应用，"云旅游"将旅游的空间和时间限制打破，为游客营造了一个更加广阔开放的旅游空间，并且可以不受白天夜晚的影响，使某些旅游产品存在的强限时性、强地域性问题得以解决，让旅游过程更加具有吸引力。

（3）数字经济的冲击

线下游发展受到限制的情况下，旅游从业者积极寻找出路，纷纷开启"云自救"，抖音、快手、小红书等平台成为线上旅游直播传播发展的重要途径。同时，由于受到疫情影响而停工、失业的人群数量庞大，"云旅游"的快速发展吸纳了大批新的从业者，随之而来的是新的发展思路、更优质的服务以及更有效的经营策略。无论是原有旅游从业者还是后续加入的其他行业的从业人员都成为疫情下"云旅游"发展的新动能，共同促进了"云旅游"的发展壮大。

2. 可持续发展路径

（1）把握用户思维，提供多样化的旅游服务

市场经济条件下，把握用户思维是各个行业赖以生存发展的基本准则，不考虑实际用户需求，闭门造车的做法最终只能是事倍功半甚至导致前功尽弃。因此，"云旅游"需以用户为中心，针对用户的不同需求提供多样化的旅游服务。在科技运用方面，加快数字化转型，充分运用AR、VR、

AI 以及大数据等技术，使场景塑造更加生动丰富；在内容设计方面，在深度挖掘景区文化的基础上精心设计讲解词，同时辅以历史典故、坊间传说等内容吸引大众眼球。针对游客除游览外的其他需求，"云旅游"需延长产业链，拓展服务类型，如开启"旅游+带货"模式，满足游客的购物需求。

（2）精确目标用户，提供个性化的旅游服务

精准地定位用户，才能实现精细化用户运营，才能培养用户忠诚，增加用户附着力。以山水风光、自然奇观著称的景区发展"云旅游"应将用户定位于较为年轻的，以放松心情、舒缓压力或满足好奇心为游览目的的游客；红色旅游、特色民俗等则应将目光分别聚焦于中老年人群和青少年群体，对于前者要注重情感氛围的营造，而对后者则需要更加凸显其教育意义；博物馆、科技创造、文学艺术等景观应看到游客在游览中知识获取方面的强烈需求。旅游企业发展"云旅游"应深度挖掘并展现自身深层的文化内涵，针对自身承载文化的特点分别定位目标游客，做到差异化提供旅游服务。

（3）深度结合线下游，优势互补实现长期发展

脱离线下的"云旅游"是疫情之下旅游业发展的创新之举，但要做到可持续发展，还必须要与能够提供吃、住、行、游、购、娱等全方位体验的线下游深度结合起来。深化信息技术在旅游产业发展中的运用线上游提供景区信息、预售门票等服务，在满足游客游览需求的同时节约游客的出游准备时间、成本，并且可以将线上流量引入线下，而游客体验线下实地游后又可将自己的亲身感受以及对景区服务的意见和建议反馈到线上，促进"云旅游"的服务改善，做到延长并不断完善旅游产业链，一体化经营各种旅游要素。

第三节　数字文旅智能化的评价标准

一、数字文旅智能化建设现状

1. 智能化定义

什么是"数字文旅智能化"？想要理解它就要了解智能化的定义，智能化是随着计算机技术和自动化技术发展，只需要一个编程程序而无须人为长时间盯死操作而提出的，在运用网络、大数据、物联网和人工智能等核心技术下，能够为人民服务，满足人民的各种需求。对人工智能领域的开发是大势所趋，智能化势必也必然成为当今社会的主要发展方向。智能化也可以说是人类不断进步所带来的必然结果，随着科技的不断进步，生产的自动化和智能化程度越来越高，社会生产力终将不断朝着智能化的方向发展之一。智能化的定义飘忽不定，以智能化的名义出现的事物越来越多，但是针对智能化的定义尚未固定，很多人认为智能化是把知识应用于生产实践活动中，使机械数据代替人脑的部分功能实现自动化运作。总而言之，智能化应具有自学习、自适应、自协调、自诊断、自修复及自组织等多种拟人智能的特点。"数字文旅智能化"内涵是利用各种各样的智能化事物、技术应用到文旅当中。例如，：物联网技术、5G 网络、二维码、虚拟现实 VR 技术、实景 3D、触摸显示屏、O2O 电子商务等。

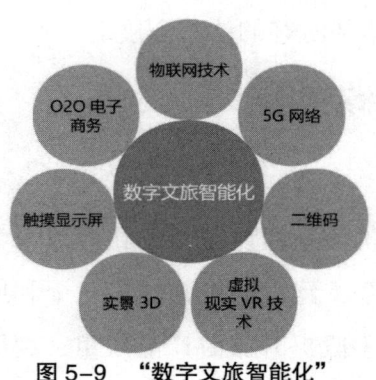

图 5-9　"数字文旅智能化"

2. 文旅产业智能化建设问题分析

文旅产业智能化建设问题分为两大点，一是我国文旅起步较晚较为落后。二是不懂得如何将智能化用到文旅当中。

作为传统的农业大国，我国有着丰厚的乡村旅游资源，我国的文旅资源大部分在历史建筑、乡村建筑和乡村景观。与西方国家相比，我国乡村旅游的起步较晚且智能化技术不足，但在资源丰富度上来说是其他国家不能比的。从地理位置上来看我国现有的乡村旅游主要分布在都市郊区或景区边缘，或是在一些自然风景优美的传统村落，或是具有民族文化特色的村落。数字文旅智能化建设的成功案例显示，智能化旅游发展不仅涉及城市规划、城市交通、气象、文旅等多个部门的合作，而且还关乎"县—市—区—省"的多级联动，需要逐步、逐级打造数字文旅的智能化。首先需要先实现区域性文化旅游智能化建设，从而形成点、线、面、网的连接和结合。此外，为确保其良性发展，行业主管部门、智能化旅游规划提供商、旅游经营者、旅游提供者四大主体间的协同运作也至关重要。以上三个层面的和谐共建无一不依赖于完善的工作机制，因此，为营造集中化、集约化、规模化、创新性的建设环境，推进文旅的稳步发展，还可以通过定位服务让游客了解在景区中的位置，合理选择游览路线，同时也借助该系统向游客推荐旅游活动，介绍民俗文化，让游客能够及时了解景区内富有文化内涵等的设计，增强游客的体验深度。

二、智能化评价体系构建

1. 建设基本思路

数字文旅智能化评价体系建设基本思路应以人为本，游客体验放在第一位，为指导确立文旅基本建设的思路分为三个利用：利用无差别化的信息化服务；利用信息化手段提升旅游产品质量；利用大数据、云计算、移动通信、5G 网络等。

（1）利用无差别化的信息化服务。要整合现有资源，加强智能信息化建设。文旅服务的智能化建设应在前期建设中进行充分市场调研，了解游客对文旅地的信息和兴趣点，然后将这些信息和兴趣点，在旅游综合服务平台中发布并及时更新和维护。

（2）利用智能信息化手段提升旅游产品质量。在游客游玩时，旅游项目和产品的质量对游客的体验满意度有直接影响，通过智能评分统计系统，为游客提供体验反馈、满意度评价等服务，让游客与文旅企业之间进行有效的沟通。

（3）发挥大数据、云计算、移动通信、5G 网络等在文旅智能化服务建设中的重要作用，提升乡村旅游服务管理效率，实现乡村旅游资源的优化配置。充分利用智能化服务平台，从智能引导、智能路线、智能评价三方面出发推进评价系统建设。

以五大连池风景区旅游为例。首先在景区资讯方面实现智能化。建立五大连池景区旅游官方网站和微信公众平台，为有意向的游客提供资讯活动，尽量做到全面、细致，除了门票预订、查询服务等基本服务外，还应能够让游客清楚地了解同一出行时间的购票人数。通过网络信息服务平台，游客能够和乡村旅游管理人员有直接的沟通，帮助游客在旅游路线上进行推荐。写明安全守则，建设智能化观看景点系统。智能化的景点观看系统不仅能够为游客提供便利，了解在哪能看到丰富的景观。还可以用大数据、5G 网络进行人流错峰控制，提高管理效率。

2. 评价标准

构建智能评价指数体系非常重要，有必要建立结构框架，通过结构框架对其本质进行分析和讨论，从而推进智能评价系统的构建。通过对智能旅游的深入分析，可以得知智能文化旅游本身是由多种因素组成的，其操作过程对提高自身服务性能有更好的作用，有自己独特的开发方法。数字文旅智能化实际上是智慧服务系统、智慧商业系统、智慧管理系统和智慧政府系统的综合，是智慧旅游的发展必备系统。根据实际主观印象和客观印象的收集，智能市场调查数据收集，智能旅游评价索引系统的应用。数据比较的处理和分析，往往会显示出一定的困难，因此，有必要对数据处理方式进行统一管理，在智能旅游的评价索引系统中，评价方法包括初始阶段、基本阶段、开发阶段、完善阶段四个阶段。通过对智慧旅游的四个阶段进行评价，能提高其推进的可行性。一切都将以落于实践为主，智能化旅游评价指标体系的可行性，可行性必须放在主要地位，并在小范围内进行实验实施，从而获得主客观相统一的数据，并根据数据结果，将评价对象的情况进行调整和优化。

数字文旅智能化建设是一个长期而漫长的过程，数字文旅智能化的评价指标体系的研究也还处于起步阶段，编制智能化旅游的评价指标体系也需与时俱进，需要不断地修改完善，各指标的确定也需要实际中不断地调整。

第四节　数字文旅发展创新实践

《中共中央关于制定国民经济和社会发展第十四个五年规划和二〇三五年远景目标的建议》中指出：要健全现代文化产业体系，实施文化产业数字化战略，加快发展新型文化企业、文化业态、文化消费模式。推动文化和旅游融合发展，以讲好中国故事为着力点，创新推进国际传播，加强对外文化交流和多层次文明对话。在数字经济的驱动下，数字文旅产业蓬勃发展，随着数字技术的创新突破，在文旅产业中新的理论、新的硬件软件也是层出不穷，快速发展的技术水平也在加速重塑人类生产和生活的形态。数字化经济正在大力推动文旅产业创新前行，新型数字产业体系正在加速形成。在创新数字经济的加持下新一代信息技术与实体经济广泛深度融合，数字文旅产业开放式创新体系不断普及。

一、数字文旅战略目标及发展要素

1. 数字文旅产业发展成效

文化和旅游是数字文旅经济的重要应用场景之一。实施文化产业数字化战略也是党的十九届五中全会的重要部署。数字文旅经济是指将数字时代的新技术与旅游、文化等产业有机融合，促进旅游文化产业转型升级的经济形态。其中文化和旅游作为数字文旅经济的应用场景，在数字化、智能化、个性化等方面具有广泛的应用前景。在数字化方面，文化和旅游领域可通过数字化技术实现文化遗产数字化保护、数字化展示、数字化交互等功能。例如，数字文物馆、数字图书馆、数字展览等。旅游领域则可通过数字地图、虚拟导览、在线预订等数字化服务提高用户体验和效率。在智能化方面，文化和旅游领域可利用智能化技术提供更加便捷和个性化的服务。在个性化方面，文化和旅游领域可利用大数据和云计算技术，通过用户数据分析和行为识别等手段提供更加精准的产品和服务，例如旅游线路、市场推广策略等。因此，在数字文旅经济的过程中，文化和旅游作为数字化、智能化、个性化的应用场景，必将推动数字文旅产业的快速发展。

文化和旅游数字文旅经济应用场景
- 数字化方面
  - 数字文物馆
  - 数字图书馆
  - 数字展览
  - 数字地图
  - 虚拟导览
  - 在线预订
- 智能化方面
  - 便捷服务
  - 个性化服务
- 个性化方面
  - 旅游线路
  - 市场推广策略

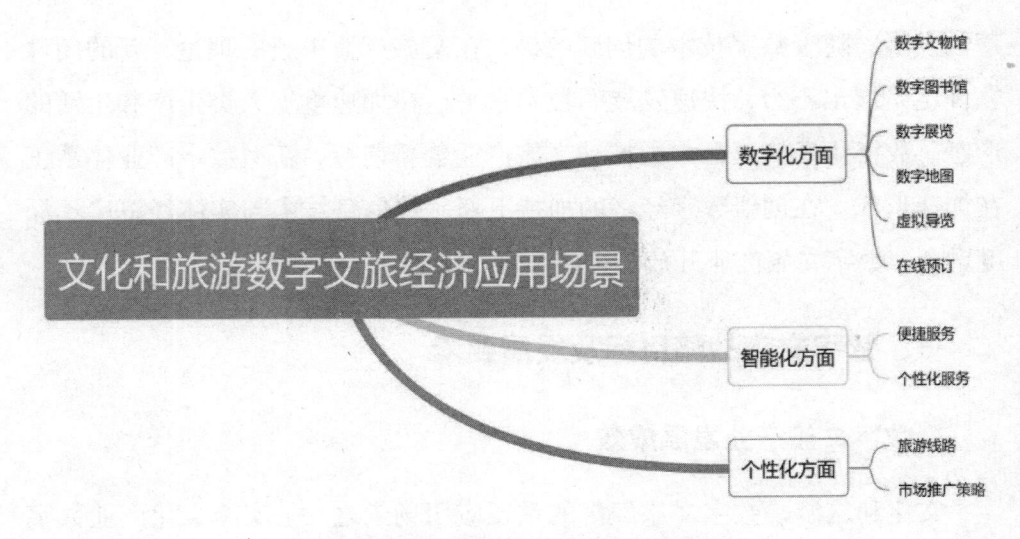

图 5-10 文化和旅游数字文旅经济应用场景

【案例1】云游文博——云游故宫

"云游故宫"是文旅数字化产品的代表之一，故宫各个院落通过高清影像记录留存，行程云端游览模式。故宫的养心殿、重华宫等外部空间和内部空间模拟真实场景可尽收眼底，同时观众可以跨越时空，欣赏故宫一年四季之美景。通过"V故宫"，可以身临其境般深度探访颇具人气的养心殿、虚拟修缮后的"水晶宫"灵沼轩、乾隆"秘密花园"中的倦勤斋等"神秘"宫殿，多层次解析皇家生活以及建筑背后蕴含的历史文化。

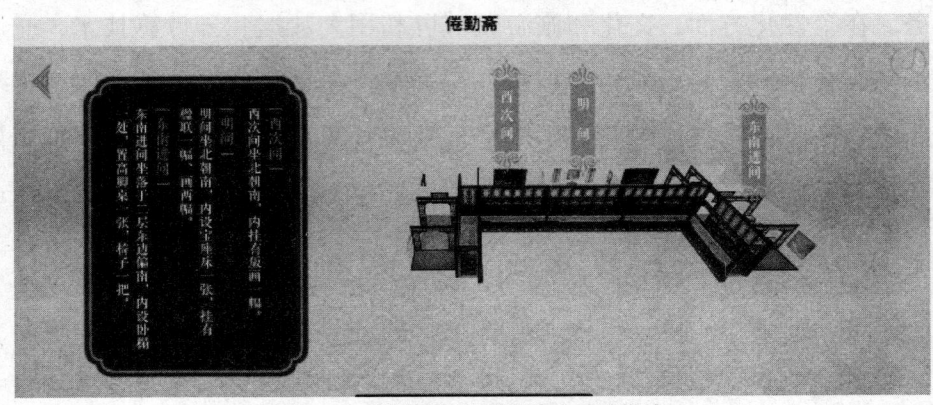

图 5-11 乾隆"秘密花园"中的倦勤斋

【案例2】沉浸式文旅——只有河南·戏剧幻城

灵沼轩

图 5-12 虚拟修缮后的"水晶宫"灵沼轩

"只有河南·戏剧幻城"是全国首座全景式沉浸体验主题乐园，也是目前全世界最大的戏剧聚落群。其产品模式是以沉浸式戏剧艺术为手法，以独特的"幻城"建筑为载体，通过讲述关于"土地、粮食、传承"的故事，致力于让更多人感受戏剧文化的魅力。

整体场馆建设恢宏大气，空间场景融合故事情景，利用数字化手段"复活"故事情节。场景将声、光、电、画高度融合，其中藏匿数万台定制灯具，呈现出夜色下动态的光影棋局，让游客随时体验戏剧上演。

【案例3】中国大运河博物馆

中国大运河博物馆坐落于扬州运河三湾生态文化公园，项目作为党建百年华诞献礼，于 2021 年 6 月 16 日开馆。扬州中国大运河博物馆其建筑风格在传统中式风格基础上进行了创新，为新唐风建筑风格设计。场馆内为营造沉浸式的体验，运用 NEC 投影机及 AR、体感互动等现代技术打造沉浸式新体验的数字展厅，将动态画面与三维空间相融合，将情节画面与空间情境相触碰传递运河文化的风韵与特质，从而重现令人难忘的运河文化记忆。除了情境体验，参观者还可以触摸操作参与互动，可以触动餐具选择运河沿岸不同城市的特色菜肴，以及点按桌面名牌屏幕呈现相应的民间曲艺图像音频等，实现沉浸式的参与体验。

2. 数字文旅创新发展战略

（1）新数字技术的推广运用

新数字技术在云旅游中的推广和运用大大提高了旅游的实用性和便利性。云旅游下的传统企业与科技企业的融合，不仅可以提高传统企业的智能化水平和服务效率，也可以帮助科技企业更好地融入旅游产业，实现互利共赢。常见的一些融合方式有：传统旅游企业与IT企业合作，共同打造云旅游平台，提供线上预订、在线支付、虚拟导览等多项服务。IT企业可以提供技术支持，提高系统稳定性和效率。传统旅游企业则可以提供实体资源，如景区、酒店等，让系统的服务内容更加丰富。传统旅游企业可以秉持传统旅游业模式，与智能化企业合作实现智能化旅游服务。例如，传统旅游企业与人工智能公司合作，提供智能客服、语音导游、虚拟导览等服务，提高服务水平和效率；传统旅游企业可以与大数据企业合作，对游客信息、旅游资源信息等数据进行收集、整理、分析和应用，提供更好的旅游体验和更高效的客户服务。设备供应商、技术服务商可以通过合作进入更大、更广泛的用户市场，并且借助传统旅游企业的实体资源，实现更多功能的推广与开发。总之，传统企业可以通过与科技企业的紧密合作，实现在云旅游市场的长足发展，科技企业也可以通过与传统企业合作，提高自身在旅游产业中的影响力和市场占有率。

（2）数字文旅与区域协同发展

数字文旅和区域协同发展是当前文旅产业发展的重要方向。通过数字化技术和文旅产业的融合，可以实现区域文化遗产的有效保护和传承，促进旅游业的可持续发展。数字文旅以数字技术为核心,通过数字化展示和互动体验等方式,让游客更加了解、体验文化遗产,从而提升游客的参与感和文化素养。为了实现数字文旅的发展,需要建立数字文旅产业生态系统,吸引数字技术公司、文旅企业等多方参与,共同发挥各自优势,推动数字文旅发展。在数字文旅与区域协同发展方面,可以采取以下措施:制订数字文旅发展规划,明确数字文旅目标、路线和发展重点,有针对性地开展数字文旅建设。加强区域协同发展,将数字文旅与区域旅游产业、文化产业、创意产业等产业协同发展。通过产业链对接、标准统一、信息互通等方式,实现数字文旅与产业的融合。建立数字文旅平台,提供数字化展示、在线预定、多媒体互动等服务,方便游客获取、体验文化遗产。加强数字文旅的文化保护意识,保护文化遗产的真实性和完整性,避免数字化展示对文化遗产的损害。通过数字化技术和协同发展,可以实现区域文化遗产的保护和传承、旅游业的可持续发展,推动数字文旅产业的繁荣和创新。

(3)大数据运用推进全域文旅产业有效发展

在当前数字化时代,大数据技术运用已经成为促进全域文旅产业发展的重要手段之一。以下是大数据运用推进全域文旅产业有效发展的一些具体方法和策略:根据大数据分析游客需求、偏好、行为等信息,为文旅企业提供更专业、精准的定制化产品和服务。利用大数据技术对文旅景区进行全面管理,包括游客流量、入园花费、景区环境等多方面的信息。建立文旅行业大数据平台,集成全国各大景区、酒店、旅游项目等信息,提供统一的数据分析和决策服务。运用大数据分析技术,挖掘旅游产业发展潜力和方向,为政府和企业提供科学的决策依据。结合智能化技术,推进智慧旅游,提供更精准的推荐服务和个性化定制,提升游客体验和文旅产业效益。运用大数据技术,深度挖掘文化和历史资源,并提供多元化的文旅产品和服务,满足不同游客需求。通过大数据技术建立文旅产业运营指标体系，及时检测和调整业务决策，提高文旅行业核心竞争力。总之，大数据运用对全域文旅产业发展起到了至关重要的作用，企业应该积极运用大数据技术，发挥其优势，推进全域文旅产业有效发展。

（4）加强数字化治理，构建数字文旅新平台

数字化治理是文旅产业智能化、精细化管理的必要手段，有助于提高行业效率和服务水平。建设综合性的数字平台，集成各种文旅资源信息，实现互联互通和信息共享。采用物联网技术实现对文旅景区、酒店等的设施、安全、环境等信息的实时监控。运用云计算技术提供文旅有效管理和营销的云平台，为文旅企业提供成本低廉、便利的云服务。运用大数据技术挖掘文旅产品和服务的数据，分析市场趋势和游客需求变化，为政府和企业提供数据分析和决策依据。通过人工智能技术，提高文旅操作效率和成本效益。加强对文旅产业的监管和服务，规范和维护服务质量。采用区块链技术，保障游客信息和交易数据的安全和可信度。

在数字经济时代的大背景下，数字化管理、信息化服务已经在政府事务领域得到高度发展，加强职能部门数字化治理，构建数字文旅新平台是实现文旅产业高效运营和优质服务的关键。职能部门要积极推进数字化治理进程，提高数字化治理水平，为推进文旅产业智能化、精细化管理奠定坚实基础。

二、数字文旅创新实践策略

数字文旅创新机制是指在数字化背景下，不断推进文旅产业的创新发展，加强产业链、价值链和生态链的融合和优化，实现产业转型升级和可持续发展。改革政策支持机制，鼓励创新型企业进入文旅市场，打造文旅产业生态系统。推进数字化技术在文旅产业的应用，如数字化展览、数字化景区等，实现文旅资源数字化和平台化。通过新型合作模式来推进文旅

产业的创新。例如，旅游企业与互联网企业的合作、体验式旅游等，可以拓展新的业务模式和流程。通过文旅产业人才培养机制的改革，提高行业从业人员的素质和能力，真正实现人才驱动和人才智慧。通过开放式创新机制，鼓励全球优质文旅资源和服务的引入。例如，政府可以通过引进优秀的文创设计公司来推广当地文化产品的创新和升级。建立数字文旅产品创新基地，鼓励优质的文旅企业通过合作研发各类文旅产品和服务，实现共享共赢。实施数字文旅资本运作机制，通过市场化的角度来推进产业的创新。例如，引入风险投资、众筹等多种方式扶持并购文旅企业实现产业链的优化和升级。总之，数字文旅创新机制是未来文旅产业创新发展的重要保障，需要政府、企业和社会各方协力推进，打造共生共赢的文旅产业生态，实现文创科技与传统文化的结合发展。

1. 科技赋能，技术创新

近年来，随着信息技术、互联网技术和人工智能技术的不断发展和应用，一系列数字文旅创新的新技术、新产品和新服务层出不穷，成为数字文旅创新发展的动力和推动力。以下是几种数字技术在文旅领域的应用：

一是移动互联网技术，移动互联网技术为文旅产业提供了数字化、互联网化的服务平台，包括 OTA 预订、导览、在线购物等，旅游者可以随时随地获取文旅信息和便捷服务大数据技术。通过海量数据的收集和分析，大数据技术可以帮助文旅企业了解顾客需求、旅游趋势和市场变化，进而提供个性化和差异化的服务。

二是虚拟现实技术和增强现实技术，虚拟现实和增强现实技术可以将文化遗产和旅游景区以数字化的方式呈现，而不用实地到达，旅游者可以在虚拟场景中体验真实旅游场景的感受，提高旅游体验的深度和广度。

三是区块链技术，区块链技术通过去中心化的特点可以提高文旅的安全性、管理效率和诚信度，如联盟链可以实现文旅企业的资源共享和信息领域的互联互通。

四是人工智能技术，人工智能技术通过深度学习和自然语言处理等技术，提供丰富的文旅产品和服务，如语音识别、个性化推荐、机器翻译等。技术的发展和应用是数字文旅创新的基础和动力，数字文旅创新需要不断跟进和使用各种新的数字技术，以满足消费者和市场的需求。体验先行，产品创新。

2. 聚焦需求，市场创新

市场用户需求是数字文旅创新的抓手，企业需要通过了解市场、了解旅游者需求，深入研究各项数字化技术，适应市场变化，提供更有价值的文旅产品和服务。数字文旅创新抓手主要体现在以下几方面需求：个性化需求。随着旅游市场的不断扩大，旅游人群也越来越多元化。因此，数字文旅创新需要重点关注旅游者个性化需求的满足，提供不同风格、不同趣味的体验式文旅产品和服务，如定制化服务、主题旅游等。移动化需求。随着移动终端的普及与互联网技术的发展，旅游者在流量资费、大数据应用、支付方式等方面有了新的需求，因此数字文旅创新需要重点关注移动终端上的应用场景，为旅游者提供更加便捷、稳定、高效的服务。交互化需求。与传统文化、历史文化、建筑风格相结合的数字体验、声光电等多元体验，更符合新一代旅游观光者的需求，因此数字文旅创新需要重点关注文旅产品和服务的交互性和体验性，注重建立与客户的互动关系。安全性需求。安全问题是旅游者关注的重点之一，因此数字文旅创新需要重点关注文旅行业的安全管理和应急反应机制，提供安全可靠的数字化服务和产品。

3. 合作共赢，营销创新

营销是数字文旅创新发展的重要手段之一，数字化营销可以为文旅企业提供更加精准、高效、全面的市场推广手段，拓展线上、线下的市场渠道。流量则是营销的重要介质，指的是数字化营销活动中吸引和接触到的潜在客户或用户的数量。

扩大市场影响力，营销活动可以通过在各大数字平台上投放广告、发布活动、进行口碑营销等方式扩大企业、文旅产品和服务的市场影响力，而流量则是反映这些营销活动成效的重要指标之一。提升用户参与度，数字文旅创新需要与用户建立紧密的互动关系，流量高的数字平台可以吸引更多的用户参与到互动中来，为企业提供更多营销数据和用户反馈。帮助企业分析市场需求，流量的分析可以让企业更好地了解市场需求，研究用户喜好、行为和需求等，以便更好地调整产品和服务策略，提升产品和服务的竞争力。提高企业的品牌知名度，流量数据对于品牌宣传和推广至关重要，流量越高，企业在市场中的曝光度就越大，从而提高品牌知名度和影响力，进一步吸引更多的用户和客户。所以，流量是数字文旅营销发展中的重要指标和工具，可以帮助企业拓展市场，提升品牌影响力，增加用户互动，了解市场需求，从而实现数字文旅创新的可持续发展。

4. 共建共享，管理创新

数字文旅创新发展的运行中，管理是至关重要的。数字文旅创新发展中提高管理水平需要做到以下几点：制定战略，数字文旅创新需要清晰的战略方针和长期规划。企业需要以更好地满足消费者需求、提高产品竞争力和提高品牌影响力为目标，制定切实可行的营销策略，以逐步提高市场份额和盈利水平。整合资源，数字文旅创新涵盖了多个领域的知识和技能，需要整合各种资源来推动发展。企业需要建立跨部门的管理机构，负责实现不同部门之间的协作和资源整合。强调创新，在快速变化的数字时代中，企业需要注重技术创新和产品创新，不断更新和优化产品和服务，以更好地适应市场需求。加强团队建设，数字文旅创新需要高素质的人力资源，团队中需要有技术、营销和管理等各方面人才的协作。企业需要建立良好的组织文化和沟通机制，激发员工的动力和潜力，推动数字文旅的创新和发展。数据分析和监测，数字文旅创新需要加强数据分析和监测，随时关注市场变化和用户需求的变化，对决策产生影响的数据进行深入分析，以调整战略、改进产品和服务。

参 考 文 献 REFERENCES

[1]郁建生，林珂，黄志华，等.智慧城市：顶层设计与实践[M].人民邮电出版社，2017.

[2]中国网信网.二十国集团数字经济发展与合作倡议[OL].2016，9.

[3]中国青年网.中共中央"十四五"规划和2035年远景目标的建议[S].2020，10.

[4]国家工业信息安全发展研究中心，中国产业互联网发展联盟等.依托智慧服务共创新型智慧城市；2022智慧城市白皮书[Z].2022.

[5]国家智慧城市标准化总体组.新型智慧城市评价指标[S].GB/T33356—2022，2022.

[6]龙瀛，陈玉露，等.智慧城市基础调查和变化驱动分析研究报告[R].日立（中国）研究开发有限公司和清华大学建筑学院，2019.

[7]揭筱纹，尹奇凤.新中国成立七十年来旅游业发展历程和演变特征[J].广西财经学院学报，2019，32(6).

[8]拥抱科技，文旅行业发力线上服务:文旅魅力，"云"端绽放–人民网[EB/OL].http://it.people.com.cn/n1/2020/0306/c1009-31619915.htm.2020-3-6.

[9]徐宪平.新基建:数字时代的新结构性力量[M].人民出版社，2020.

[10]沈嵘，泰州市图书馆.文旅融合背景下公共数字文化助力智慧旅游的应用研究[J].文化产业，2022.

[11]阮莹.沉浸式虚拟现实交互技术在艺术设计专业教学中的应用[J].西部素质

教育，2023，9（4）：115-118. DOI:10.16681/j.cnki.wcqe.2023,4,29.

[12]傅玉棠，江欣怡，和铁行."互联网+"背景下红色"云旅游"助力乡村振兴的探索[J].中国集体经济，2022(34):8-11.

[13]贺小荣，徐海超.乡村数字文旅发展的动能、场景与路径[J].南京社会科学，2022(11):163-172. DOI:10.15937/j.cnki.issn1001-8263.2022.11.018.

[14]谭奇.身临其境:博物馆沉浸式交互场景的营造与设计[J].博物馆管理，2022（3）:68-80.

[15]张学仪.基于虚拟现实艺术的《山海经》神怪形象再设计及研究[D].山东工艺美术学院，2022. DOI:10.27789/d.cnki.gsdgy.2022.000087.

[16]苏会权.XR技术对数字媒体艺术发展的影响[D].鲁迅美术学院，2022. DOI:10.27217/d.cnki.glxmc.2022.000203.

[17]张可儿.多维感知下的数字媒体艺术的审美特征[D].吉林艺术学院，2022. DOI:10.27164/d.cnki.gjlyc.2022.000025.

[18]徐可.敦煌研究院的数字文化生产与传播研究[J].科技传播，2022，14(6):85-87. DOI:10.16607/j.cnki.1674-6708.2022.06.020.

[19]朱诚静.沉浸式虚拟现实交互艺术设计探讨[J].明日风尚，2021(24):152-154.

[20]邹薇.数字化时代背景下旅游文化传播方式的演变及其特征[D].湖南师范大学，2021. DOI:10.27137/d.cnki.ghusu.2021.001836.

[21]孙玉洁. 数字媒体艺术沉浸式场景设计研究[D]. 中国艺术研究院，2021. DOI:10. 27653/d. cnki. gzysy. 2021. 000013.

[22]王映雪. 公共数字文化平台中文旅融合服务的用户体验测评研究[D]. 河北大学，2021. DOI:10. 27103/d. cnki. ghebu. 2021. 001318.

[23]彭帆. 数字化背景下沉浸式虚拟现实交互艺术设计的原则及评价[J]. 长春师范大学学报，2020，39(8):186–189+194.

[24]张锦. 基于沉浸式文化体验的影像应用研究[D]. 云南艺术学院，2020. DOI:10. 27777/d. cnki. gynxy. 2020. 000185.

[25]陈清荷. 文化与科技融合的新业态[D]. 上海社会科学院，2020. DOI:10. 27310/d. cnki. gshsy. 2020. 000085.

[26]花建，陈清荷. 沉浸式体验：文化与科技融合的新业态[J]. 上海财经大学学报，2019，21(5):18–32. DOI:10. 16538/j. cnki. jsufe. 2019. 05. 002.

[27]吴南妮. 沉浸式虚拟现实交互艺术设计研究[D]. 中央美术学院，2019.

[28]石路云. 基于视觉跟踪的沉浸式数字旅游系统设计[J]. 科技视界，2018(11):11–14. DOI:10. 19694/j. cnki. issn2095–2457. 2018. 11. 004.

[29]狄欣怡. 浅论基层博物馆馆藏文物预防性保护[J]. 文物鉴定与鉴赏，2021(9).

[30]赵阳. 智慧旅游背景下我国旅行社企业信息化建设探究[J]. 对外经贸，2016(6).

[31]谭嫄嫄，唐瑛，韦韬.智慧旅游背景下旅游服务APP用户体验设计研究[J].工业设计，2021(09).

[32]姚志国，鹿晓龙.智慧旅游：旅游信息化大趋势[M].北京：旅游教育出版社，2014:12，

[33]钟栎娜，邓宁.智慧旅游：理论与实践[M].东北师范大学出版社，2017.

[34]石丽璠.游客体验理念下乡村旅游服务智能化建设研究[J].农业经济，2020.

[35]谷奕瞳，曾祥越，段梦怡，仝瑶瑶，王若楠."云旅游"发展前景研究;基于景区线上与线下体验对比分析探究[J].魅力中国，2021.

[36]陈滢.数字旅游产业发展的机遇与路径探析[J].中国经贸导刊，2020.

[37]沈金辉.国内外智慧旅游建设现状及经验启示[J].旅游纵览，2014.

[38]邓朝川.关于智慧旅游的评价体系研究[J].旅游纵览，2018.

[39]李勇坚.完善治理体系加快数字化发展[J].财政监督，2021.

[40]陈丽，陈大柳.文旅产业数字化转型文献综述[J].广东农工商职业技术学院学报，2022.

[41]张强.疫情防控常态化背景下文旅产业的数字化转型[J].唯实，2022.

[42]汪征.大数据应用:公共文化行业的发展新趋势[J].电子技术与软件工程，

2018.

[43]程瑞芳. 唐山长城文化旅游带建构及发展路径研究[J]. 河北经贸大学学报，2020.

[44]陈杰. 直销迎战数字经济[J]. 知识经济(中国直销)，2019.

[45]黄庆平，张振华，吴轲威，周阳，李猛. 数字经济时代的职业演进与青年职业发展[J]. 中国青年研究，2022.

[46]陈琳琳，徐金海，李勇坚. 数字技术赋能旅游业高质量发展的理论机理与路径探索[J]. 改革，2022.

[47]江敏. 文化产业与旅游产业互动融合发展研究[D]. 东华大学，2017.

[48]涂超. 新时代:对数字文旅融合高质量发展的思考[J]. 智库时代，2022.

辽宁沈阳：中国锡伯族博物馆·数字化建设

一座城市的博物馆，是城市文化和旅游数字化创新发展的重要名片之一，本书对沈阳市内几个具有代表性的博物馆数字化展示进行了数字影像采集，在未来将不断补充更新，形成数字文旅产业影像纪实资料库，希望通过对博物馆数字化升级的关注，从微观到宏观，及时记录沈阳数字文旅产业发展的重要变化。